À la suite du décès d'un proche, Corine Sombrun, ethno-musicienne, pianiste et compositeur d'origine française, décide de suivre l'enseignement d'un chaman péruvien, et retrace cette aventure dans le récit *Journal d'une apprentie chamane* (Albin Michel, 2002). Elle fait de son voyage au Pérou un reportage pour la BBC qui connaît un très grand succès lors de sa diffusion. La grande chaîne d'information britannique lui commande ensuite un documentaire sur les chamanes de Mongolie. Elle publie la suite de ses aventures chez Albin Michel : *Mon initiation chez les chamanes : une Parisienne en Mongolie* (2004) et *Les tribulations d'une chamane à Paris...* (2007). Son dernier ouvrage, écrit en collaboration avec le descendant du grand chef apache, *Sur les pas de Geronimo*, est paru en 2008.

Corine Sombrun vit désormais à Paris.

LES TRIBULATIONS
D'UNE CHAMANE À PARIS...

CORINE SOMBRUN

LES TRIBULATIONS
D'UNE CHAMANE
À PARIS

Albin Michel

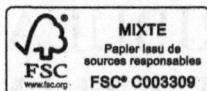

© Édition Albin Michel, 2007
ISBN : 978-2-266-17847-1

À Brigitte

L'être humain perd sa santé à gagner de
[l'argent
et perd son argent à se refaire une santé.
Il pense au futur, au point d'oublier le
[présent,
de sorte qu'il ne vit ni dans le présent,
[ni dans le futur.
Finalement, il vit comme s'il n'allait
[jamais mourir
et il meurt comme s'il n'avait jamais
[vécu.

Confucius

I

Le tambour

1

Le tambour

Dans la cabine du Tupolev d'Aeroflot, je confie à une hôtesse mon tambour de chamane. Elle râle. Mais il est bien trop grand pour entrer dans les casiers à bagages. Elle finit par lui trouver une place en première classe. Derrière une rangée de fauteuils. Je regarde le visage du passager assis devant lui. Je regarde les autres. Je flippe. Comment réagiraient ces hommes d'affaires, costume-cravate et ordinateur posé sur leur tablette, si je leur disais là, comme ça : « Je suis chamane, grâce à ce tambour je me transforme en loup ! »

En rejoignant la classe touriste, place n° 23A, près du hublot, je réalise pour la première fois depuis mon départ d'Oulan-Bator que le minuscule siège dans lequel je vais installer mes heureusement-petites-fesses va me ramener tout droit dans l'univers occidental. Je vais devoir en affronter les doutes, la logique, l'implacable sentiment de détenir la vérité. Mais je n'ai plus le choix. Comme on saute à l'élastique, l'enseignement que je viens de recevoir m'a fait lâcher le cadre de cet univers habituel pour plonger dans l'inconnu. Ce saut, je le ressens déjà, a provoqué dans mon cerveau une sensation irréversible avec laquelle je vais devoir vivre. Sans savoir comment elle va me transformer...

Derrière le hublot la piste défile déjà. Décollage immédiat. Je ferme les yeux pour mieux apprécier la sensation de vitesse, de puissance que l'avion produit pour s'arracher à la terre. Me faudra-t-il autant d'énergie pour m'arracher à mon ancienne vie ? Le chamanisme va sans doute m'entraîner sur des chemins qu'il n'est peut-être pas confortable de découvrir.

La steppe mongole s'éloigne. L'altitude lui donne l'allure d'un immense tapis beige. Petit signe de main. Juste un au revoir à ma nouvelle famille. Enkhetuya, Doudgi, Badmaa. Grâce à vous j'ai découvert un monde où le cœur n'est pas trahi par la raison. Je sens des larmes grimper dans mes yeux. Je sursaute. *Something to drink ?* hurle l'hôtesse russe que j'oblige visiblement à répéter. *No, thank you !* Désagréable, celle-là.

Je gonfle mon petit coussin pour le cou. Ça a l'air d'amuser la dame mongole assise contre moi. Échange de sourires. « Vous allez à Moscou ? » Affirmatif. Huit heures de vol encore. L'avion ronronne doucement. J'installe ma tête contre le hublot. Bientôt le soleil n'en finira plus de se coucher. Et moi de passer les épreuves de ma nouvelle vie de chamane. La première étant de clore le passé. D'inscrire son épilogue. Jamais eu le courage de faire ce geste. Le numéro un.

Pour enfin libérer tous les autres gestes de ce parcours chamanique.

Geste n° 1

Pigalle, sixième étage, six heures du matin, accoudée à la fenêtre de ma chambre, grande ouverte, j'écoute la musique de la pluie sur les toits de Paris. Novembre. Le mois du gris. Les gouttes font une musique différente en fonction de la surface sur laquelle elles se posent. Le zinc, les tuiles, les pavés de la rue des Martyrs, la bâche rose de Chez Michou, Irène et Lola, les travestis sur le trottoir d'en face. Tous des musiciens de l'orchestre urbain. Sourire. J'avance ma main droite sous la pluie. J'écoute. Je la tourne un peu. J'accorde. Voilà. La symphonie est bien plus jolie comme ça. Avec cette nouvelle mélodie de la pluie sur ma paume face au ciel.

Avant, tu avançais ta main avec moi. On jouait ensemble à composer la musique de cette ville. Aujourd'hui tu es en cendres. Là. Dans ce petit bocal en plastique bleuté posé à côté de moi. Un bocal à cumin. Tu adorais cette odeur. J'ai pensé que tu aimerais y reposer tes cendres. Je le prends. J'enlève son couvercle. Tu entends comme c'est beau ? Chaque ville. Chaque lieu a sa musique. Absolument aléatoire. Imprévisible. Comme la musique que je rêve de composer. Belle parce qu'elle ne se compose pas par la pensée, mais au

15

gré d'un ensemble de mouvements non conscients de la composer. Émouvante parce qu'elle est l'essence du vivant. La preuve de la réalité de cette vie. Quel est le son de la mort ? Le son de tes cendres ? J'inspire. Je regarde ton bocal dans mes mains. Transparent pour te voir.

Je t'ai tellement cherché depuis trois ans. De l'Amazonie à la Mongolie, comme un chien, j'ai reniflé et trimballé ce kilo de cendres pour retrouver ta piste dans l'invisible. J'ai consulté des chamanes, j'ai vécu avec eux. Dans la jungle. Dans la steppe. J'ai avalé des psychotropes, j'ai rencontré mes peurs, j'ai vomi la douleur, exploré ce que ma raison me poussait à ignorer. Et fait la funambule sur le seul fil qui me protégeait encore de la folie.

Mais je n'ai rien trouvé. Sinon moi.

Un éclat de rire sort de ma gorge. Il y a trois ans, Enkhetuya, une chamane mongole, m'annonçait que j'étais chamane : « Désignée par les esprits. » J'ai tout de suite pensé que c'était toi qui m'avais désignée. Toi l'esprit. Pour m'obliger à nous rapprocher. Ta dernière blague ? J'ai dû passer deux ans à la frontière de la Sibérie pour suivre son enseignement. C'est drôle de réaliser qu'en suivant ton chemin j'ai juste découvert le mien. Je mets ton bocal ouvert sous la pluie. Je ne pleure pas. Non. Ton souvenir ne me fait plus mal. Il me remplit de force. Et je suis prête. Maintenant. À te rendre la joie de participer encore un peu à cette symphonie de la vie.

Je renverse le bocal. Tes cendres s'envolent. J'écoute ta nouvelle mélodie. Tellement silencieuse. Un pigeon la traverse. Des cendres s'accrochent à ses plumes. Voilà. Il est gris maintenant. Mes yeux se remplissent de larmes. Il ne sait pas pourquoi il a changé de couleur. Le pigeon. Moi je sais. Mon nez coule. Je renifle. C'est peut-être ça le destin. Juste la conséquence d'un geste dans un bout de ciel. Un geste dont on ignore tout, mais à cause duquel soudain des mélodies se croisent. S'entrechoquent. Fusionnent. Frissonnent. Un souffle glacé remonte le long des toits. Il est temps de fermer la fenêtre. « Tout chagrin a une fin, m'a dit Enkhetuya. Tu dois l'accepter. » Oui. Et accepter de vivre cet épilogue comme l'annonce d'un prologue. Ainsi va la vie. Sans début ni fin. Sans fin ni début. Comme un huit. Qu'il ne tient qu'à moi aujourd'hui de regarder de travers pour le voir de nouveau se transformer en infini.

Geste n° 2

12 décembre. « Bip-bip-bip, sur France Inter il est huit heures. Les informations, Dominique Delaroa... » Ma couette à fleurs jaunes s'anime. « Un sous-marin britannique pourrait-il... » J'ouvre un œil. « ... être à l'origine du naufrage du... » Je le referme. Je tire la couette sur ma tête. « ... La Royal Navy... » Décharge d'adrénaline. Où je suis ? « ... n'a pas bougé ce jour-là... » J'ouvre les deux yeux. Ah oui ! Paris. Je sors la tête de la couette. « Quatre-vingts... » Paf. Mon bras a envoyé une claque au radio-réveil. Silence. J'ai besoin de silence pour me lamenter sur mon sort. Combien de temps ? Je fixe les chiffres rouges et carrés de l'heure. 08 : 03. Les deux points au centre clignotent, marquant inexorablement le compte à rebours du temps. Un battement par seconde. Soixante par minute. À ce rythme il me reste trois cents clignotements. Cinq minutes. Pas une de plus. Pour proférer mes plaintes. Et ainsi accomplir le premier exercice de mes journées parisiennes. Je bâille. Je m'étire. Quatre, trois, deux, un, zéro, à haute voix...

J'ai l'impression d'être une fausse note, l'air parisien sent mauvais, il fait gris, froid, ma place n'est pas ici, ni à Londres où j'habitais encore il y a quatre mois, elle est là-bas. Dans le reflet du ciel sur le lac Kövsgöl en Mongolie. Dans le crépitement du feu du tipi. Dans la symphonie des étoiles, la nuit. Rire des clowneries d'Enkhetuya me manque. Traire les rennes aussi. Je mets mon nez dans l'oreiller pour y enfouir mon désarroi d'être entre deux mondes. Là-bas à rêver d'ici et ici à rêver de là-bas. Je suis ailleurs partout. Et la seule personne qui m'a donné l'envie d'être bien partout. Toi. Tu t'es cassé ailleurs. Soupir.

Pour couronner le tout, je souffre du regard des autres. Re-soupir. J'ai pourtant toujours voulu être différente, mais aujourd'hui je n'aime plus ma différence. Elle suscite des réactions auxquelles je ne m'attendais pas. De la peur, souvent. Due à une certaine incompréhension. Mais aussi de la suspicion. Ou de la compassion pour une pauvre folle qui a dû perdre la tête après avoir perdu l'amour. Ou de l'admiration. Ou de la curiosité. Mais dans ce cas, tout ce qui intéresse les gens est de savoir si je peux prédire leur avenir. Désolée, c'est au programme de la troisième étoile, je viens seulement de passer la deuxième. Et si mes « pouvoirs » peuvent les aider à résoudre leurs problèmes. Mais quels pouvoirs ? Quand j'ai posé la question à Enkhetuya, elle m'a répondu : « Toi tu veux connaître le nom de la graine avant de l'arroser. Moi je veux que tu arroses la terre. C'est tout. Lorsque la graine aura donné une fleur, alors seulement il sera possible de découvrir son nom... »

Je n'ai encore rien vu pousser. Ou alors des herbes bizarres. Avant-hier, par exemple, j'étais au Bon Marché. J'adore les fringues. Autant que les sons, je crois. Elles provoquent dans mon cerveau des petits chocs de plaisir. Qui s'accumulent, font des vagues sur lesquelles j'ai l'impression de surfer pour aller toucher les autres et leur offrir ce que je suis, sans avoir à le leur expliquer avec des mots. Les mots sont trop égoïstes. Bref. Pour compenser mon blues post-Mongolie, j'ai pensé mériter ce traitement de choc, l'étage mode du Bon Marché.

J'avais trouvé deux chemises et j'attendais derrière une dame à la caisse. Normal. Mais voilà. J'ai soudain ressenti une vibration très aiguë. Très désagréable. Je savais que ça ne venait pas de moi, alors j'ai pensé à la dame. Pour le vérifier je me suis éloignée d'elle. La vibration a disparu. Je me suis rapprochée. Je l'ai ressentie de nouveau.

Après avoir hésité un moment, j'ai fini par lui demander si elle avait un problème. Elle m'a regardée, l'air étonné. Puis interrogateur. « Pourquoi me posez-vous cette question ? » Ma bouche s'est refermée. Je ne pouvais décemment pas lui expliquer la raison de ma question. J'ai voulu lui dire « Je ne sais pas, je l'ai posée sans raison », mais les yeux de la dame se sont remplis de larmes. Je me suis immédiatement excusée et sa phrase est tombée. « C'est votre question... Comment avez-vous su... j'ai perdu mon père, il y a dix jours... »

J'ai bredouillé des excuses et suis allée m'enfermer dans une cabine d'essayage. Une fois la porte de la cabine bien verrouillée, je me suis assise par terre. Les genoux sous le menton. La vibration venait donc bien de cette dame ? Se pouvait-il que nos émotions s'expriment de cette façon ? Et si c'était le cas, pourquoi ne l'avais-je pas ressenti avant ? Non. J'étais victime d'un hasard. J'allais donc pouvoir ressortir et rien ne se passerait. J'ai inspiré, me suis levée et ai ouvert la porte. Une vendeuse s'est dirigée vers moi, je lui ai montré que je n'avais pas d'articles. Elle a souri. Je n'ai rien ressenti à son approche. Ni lors de ma traversée du magasin, ni dans la rue. En entrant dans la rame de métro à l'heure de pointe, j'étais un peu inquiète. Mais rien ne s'est passé non plus. Rien du tout. J'étais presque soulagée. Mais voilà...

Pour vérifier, j'ai essayé de me concentrer sur le dos du jeune homme dont j'avais les cheveux dans le nez et soudain une vibration grave, molle et lente est arrivée. Je me suis alors tournée vers une autre personne puis une autre. C'était comme si je ressentais des sortes d'informations, disons, rythmiques. J'avais l'impression d'être dotée d'un port infrarouge capable de recevoir la carte de visite « vibratoire » des gens. Une sensation vraiment propre à chacun, plus ou moins rapide, aiguë ou grave ou ronde ou piquante ou plate ou faible. Mais apparemment ces informations n'arrivaient que si je me concentrais vraiment. Sauf pour la dame du Bon Marché. Pourquoi ? Mystère.

Je n'en ai encore parlé à personne. Mais si c'est ça, le début de la pousse des « graines » dont m'a parlé Enkhetuya, je préfère vraiment arrêter de faire le jardinier. D'ailleurs j'ai décidé de ne plus essayer d'utiliser ce « port infrarouge ». Je veux juste reprendre ma vie de compositeur, de reporter pour la BBC et écrire mes livres dans mon coin. Je tire la couette sur ma tête. Je veux la paix. De toute façon je n'ai pas trouvé d'endroit à Paris pour faire des cérémonies.

Tous les neuvièmes jours du mois lunaire, comme me l'a demandé Enkhetuya, je suis censée jouer du tambour et entrer en transe, dans le but de développer mes prétendus « pouvoirs ». J'inspire. Mon ventre gonfle. Pas question de faire ça dans mon appartement. Les flics débarqueraient au premier coup de tambour et au second hurlement de loup, hop, la camisole. J'expire. Antonia, une amie, m'a bien proposé la salle de répétition d'un des théâtres de la Cartoucherie de Vincennes, le lieu créé par Ariane Mnouchkine. Elle y travaille et me permet de donner un coup de main à la caisse, quand je suis fauchée. Mais en admettant que j'accepte de « jouer » dans ce lieu. Je frotte le bout de mon nez. J'ai encore du mal à m'imaginer hurler et montrer les dents devant des Parisiens, même si ces Parisiens sont mes amis. Bon. 08 : 08. Je suis dans la merde et mon temps de plaintes est écoulé.

Je balance la couette par terre. Je m'assois au bord du lit. Mes orteils touchent le parquet chêne clair. Je l'ai posé moi-même. Il est froid. J'ai froid. Et ça ne risque pas de s'améliorer, j'ai coupé le chauffage pour endurcir et entraîner mon corps à résister aux hivers mongols, ambiance immense congélateur réglé à moins quarante. Une véritable punition pour moi qui ai davantage hérité des aptitudes de la chatte que de celles du pingouin. Le dernier hiver, les semelles en plastique de mes chaussures ont fondu tellement j'étais collée au poêle. Frissons sur le corps. Parfois j'en ai super marre de cet entraînement chamanique. Si au moins Enkhetuya habitait aux Seychelles. Je retourne sous ma couette à fleurs jaunes, encore toute chaude. Ronronnage intensif.

08 : 18, je me décide enfin à affronter la réalité. J'enfile un jean, mes chaussettes de Mongolie thermo-quelque-chose vendues au Vieux Campeur pour résister aux grands froids, un cachemire fuchsia acheté cinquante dollars l'année dernière à l'usine Gobi d'Oulan-Bator, mais aussitôt colonisé par les mites parisiennes et, technique de l'oignon oblige, un pull noir en laine. Voilà. Il est temps d'ouvrir la fenêtre de ma chambre pour dire bonjour à tes cendres. Elles ne répondent jamais. Logique. Alors je leurre le silence, volume à fond, avec la voix de Prince dans *Purple Rain*.

Puis en dansant jusqu'à la dernière note du CD (je n'arrête jamais une musique avant son dernier souffle), j'allume une bougie, je bois un thé sans sucre, avale une pomme, souffle les pépins le plus loin possible, sans battre mon record, ramasse les pépins, regarde *La Danse de la vie* de Munch, arrose mon basilic, mon hibiscus rouge et, enfin, connecte mon téléphone portable. Pas de message. Très bien. Je vais composer.

BBC World Service, la radio pour laquelle je fais des reportages, m'a demandé de créer l'habillage musical d'une nouvelle émission sur les religions.

Je commence à tapoter le clavier de mon piano pour trouver la mélodie de l'indicatif. Inspiration ? Non. Pas ce matin. Pire. Je nostalgise. Chaque fois que j'appuie sur une touche, un souvenir remonte. Un *ré* vient de me projeter en Afrique, à Ouagadougou avec Saïdou et Marcus, mes deux bébés panthères. Mon père les avait ramenées d'un de ses périples en brousse où il supervisait l'installation de lignes téléphoniques. Elles tournaient autour du cadavre de leur mère, abattue par des chasseurs. En rentrant à la maison, il m'avait dit : « Surprise ! », en ouvrant sa veste de toile comme un magicien. Deux petites têtes ébouriffées, les yeux clignotants, étaient apparues. J'avais crié de joie. Maman leur avait fabriqué deux biberons avec des bouteilles et des tétines recyclées. J'avais appris à les nourrir. Je passais des journées à me rouler par terre avec elles, à leur tirer les moustaches, à mettre mes chaussures au bout de leurs grosses pattes ou à leur faire des bisous sur le ventre en évitant leurs petits coups de dents. Elles étaient devenues mes seules amies. Mais elles avaient grandi et il avait fallu les laisser repartir dans la brousse. J'enlève mes mains du clavier.

Ce gros chagrin a été ma première rencontre avec la musique comme un refuge à ma tristesse. Seule dans le jardin, j'avais écouté pendant des heures le son des tam-tams au loin. Le seul son à pouvoir me consoler. J'avais sept ans. Mes parents avaient fini par m'emmener les voir. « Mes » tam-tams. Nous avions roulé long-temps dans la brousse. Jusqu'à un village mossi où se déroulait une cérémonie funéraire. Je me souviens très bien des danseurs et des musiciens au centre d'un cercle composé par les membres de la tribu. Mes parents et moi étions restés à la périphérie pour ne pas perturber la cérémonie. Mais le rythme m'avait soudain hypnotisée. Je m'étais sentie aspirée par le centre du cercle. Engloutie comme une mouche par une plante carnivore. Maman m'a raconté plus tard que je m'étais mise à trembler. Elle avait dû me tirer très fort vers l'extérieur du cercle pour m'obliger à sortir de cet état.

La musique en tout cas est devenue mon métier. Sans doute parce que c'est le seul endroit où je me sois toujours sentie protégée. Hors d'atteinte. Mais ce matin, curieusement, elle ne réussit pas à m'apaiser. En plus d'éveiller ces souvenirs, elle déclenche, là, au fond de mon ventre, une espèce d'alarme m'avertissant de la nécessité d'échapper à cet état de solitude tissé comme un cocon autour de moi. Un cocon qui me protège de l'humeur du monde et à l'intérieur duquel je suis devenue une caméra silencieuse et invisible. Mon portable sonne. Ouverture du clapet. Allô ?

C'est Marie, une de mes plus anciennes amies. La seule à avoir résisté à mon « isolement » sensoriel et à encore oser essayer de fracturer ma cloche de verre.

— Salut, ma chamane ! Il y a une fête demain soir dans un lieu génial, tu viendrais pour une fois ?

Et pour une fois, j'accepte avec enthousiasme. Elle n'en revient pas. Cet enthousiasme prend quand même une douche froide lorsque j'apprends ce qu'elle attend de moi...

— Pour terminer la soirée, tu pourras nous faire une cérémonie ? On t'a jamais vue en loup, il serait temps de nous montrer ce phénomène !

Devant mon manque de réaction, elle précise :

— Tu m'as bien dit que tu devais t'entraîner ?

— Je t'ai déjà dit que le seul jour où je pouvais faire une cérémonie était le neuvième jour du mois lunaire...

— Et c'est pas demain soir ?

— Non !

— Ben dis-moi quand alors, on va déplacer la date...

Grimace. Me voilà coincée.

— Je vais regarder le calendrier lunaire. Je te rappelle. Mais dis-moi, c'est quoi ton lieu génial ?

— Un atelier d'artiste en banlieue...

— Où ?

— Banlieue sud. Un atelier dans l'enceinte d'un hôpital psychiatrique...

— Tu déconnes !

Je lui raccroche au nez. En colère. Elle rappelle. Je ne décroche pas. Elle insiste. Je décroche. Elle s'excuse.

— J'avais oublié que tu redoutais la camisole. Mais moi, je sais que t'es pas folle, je pourrai témoigner ! Et puis tu risques rien, c'est pas dans l'hôpital psychiatrique, je te jure, c'est dans des locaux autour...

Silence. Je boude.

— Allez... Accepte. Et puis, ça va te faire du bien, c'est que des gens sympa et il serait vraiment temps de te trouver quelqu'un...

— Faire le loup dans un hôpital psy n'est pas le meilleur moyen d'attirer l'amour !

Marie éclate de rire. Moi aussi. Je l'aime beaucoup, Marie. Elle est toujours là au bon moment. Malgré ses maladresses. Malgré son envie de me caser absolument. Il faut dire qu'elle est *love coach*. Elle a passé un an à New York pour suivre cette formation. Un tout nouveau concept. Ce n'était pas gagné vu ses rondeurs. Mais Marie est la seule fille que je connaisse à les aimer. Elle les cultive d'ailleurs avec le soin qu'aurait un sage

25

japonais pour ses bonsaïs. À cent calories près elle établit chaque matin un menu qui ne risque pas de la faire maigrir, ni trop grossir, restant avant tout une adepte du juste équilibre, celui de son bonheur. Et elle réussit très bien. Ses kilos rayonnent, ses immenses yeux verts font le reste, tous les garçons sont fous d'elle, elle a trois amants en ce moment et son cabinet de *love coaching*, créé rue Condorcet il y a à peine six mois, marche à fond. « Tu comprends, beaucoup de mes clientes ont des kilos en trop. Quand elles voient, malgré mes rondeurs, mon succès auprès des hommes, elles se disent : Pourquoi pas moi ? » Tout son travail consiste alors à les aider à mettre en pratique sa seule et unique recette du succès : *Aime-toi et les autres t'aimeront...*

— Bon, tu me rappelles quand même pour me donner une date ?

J'hésite. Je réfléchis. Après tout, elle a raison. Il va bien falloir que je me décide un jour à oser aimer ce que je suis.

— Antonia m'a proposé la salle de répète de La Tempête. Je crois que je préfère commencer par là. On verra après pour ton hôpital, OK ?

— Si tu veux, mais tu me dis la date alors ?

— Promis.

Je raccroche et j'appelle Laetitia, l'anthropologue dont je suis le sujet d'étude[1]. Notre collaboration remonte à environ un an. En apprenant que je devrais suivre l'enseignement d'Enkhetuya, réservé aux chamanes, j'ai éprouvé le besoin de parler à quelqu'un qui puisse comprendre ce que je vivais. Un Occidental comme moi. On m'avait conseillé une anthropologue vivant en Mongolie pour étudier le chamanisme. Nous nous sommes

1. Cf. *Mon initiation chez les chamanes. Une Parisienne en Mongolie.*

rencontrées à Oulan-Bator. Elle a écouté mon histoire. Et après plusieurs rencontres nous avons envisagé une collaboration.

Son but en m'étudiant était non seulement d'essayer d'avoir une description de ce « Monde des esprits » dont parlent les chamanes, mais aussi de pouvoir se poser la question de l'universalité de la transe et des visions chamaniques. Elle se demandait en effet si une Occidentale n'ayant aucune culture ou éducation mongole pouvait, lors des transes, avoir les mêmes comportements qu'un chamane mongol. Autrement dit, si le chamanisme était l'expression d'un phénomène cognitif propre à l'espèce humaine, auquel le chamane, quels que soient son cadre de référence culturel, son éducation, ses croyances, aurait accès pendant les transes, ou un phénomène culturel, lié à une tradition. Pour que cette étude soit la plus objective possible, et afin de n'avoir aucune référence intellectuelle pouvant influencer mon comportement et fausser les résultats, Laetitia m'avait demandé de ne rien lire sur le chamanisme. Le deal avait été posé. J'acceptais de devenir un sujet d'étude, de lui révéler ce que je ressentais pendant les transes, elle acceptait d'être le « garde-fou » dont j'avais besoin au cas où je glisserais trop loin de la raison...

Depuis nous travaillons ensemble. Elle est la seule Parisienne à m'avoir vue en état de transe. Indispensable d'ailleurs. Le chamane a toujours besoin de quelqu'un pour vérifier le bon déroulement d'un rituel, et pour le tenir pendant les cérémonies. N'étant plus conscient de ce qui l'entoure, l'assistant, appelé *tushig* en Mongolie, l'empêche de se cogner contre le poêle, ou de se faire mal en tombant.

Son téléphone est sur répondeur. Je lui laisse les infos concernant le lieu de la prochaine cérémonie.

Geste n° 3

20 décembre. C'est pour ce soir. J'ai le trac. Et la crève. La première en quatre ans. Ce qui a fait dire à Marie : « Bienvenue chez les humains, plus rien ne pouvait t'atteindre, même pas les microbes ! »

Je l'ai mal pris. Mais elle a raison. Je n'ai effectivement pas eu le moindre rhume depuis ta mort. Quant au microbe de l'amour, il n'a pas non plus réussi à grignoter mes défenses immunitaires...

J'ai quand même eu des aventures. Mais elles n'ont été que le palliatif d'un état de manque. De ces histoires sans amour, mon ventre est resté vide. Plein du vide laissé par toi. Je n'arrive plus à aimer. Peut-être pour mieux souffrir. Ou pour mieux me punir d'être restée en vie après...

Pour les médecins, il n'y avait plus d'espoir. Tu étais dans le coma, le cancer avait gagné. Alors ils m'avaient donné le choix entre abréger ton calvaire ou attendre que la mort ait cinq minutes pour venir te chercher. Vite fait, ce choix. Une infirmière était venue installer des seringues « pousseuses ». Une de morphine, l'autre de Narcostatine. Et je l'ai fait. J'ai poussé les seringues pousseuses jusqu'à ce qu'elles te fassent tomber de la vie.

28

J'ai vraiment cru faire un geste d'amour. Un geste qui n'attendait rien en retour. Mais après. Les questions se sont mises à tourner en boucle dans ma conscience. Aurais-tu quitté la vie sans mon intervention ? Aurais-tu préféré que je te donne encore une chance de lutter pour t'en tirer ? Je ne t'avais pas laissé la possibilité de donner ta réponse.

Et plus le temps passait, plus je détestais le reflet que je voyais de moi, sans toi, dans les yeux de nos amis. L'Amazonie, la Mongolie. C'était ça. Rien de courageux là-dedans. Juste une fuite. La nécessité de faire disparaître ce reflet en respectant ma promesse de ne pas me gommer du dessin de la vie.

J'ai réussi, dans le fond. Après ce temps passé auprès d'Enkhetuya, une nouvelle image de moi est née. Tellement différente qu'il m'arrive de ne pas la reconnaître. Le problème est que le chemin vers cet effacement m'a considérablement éloignée des autres. Imperceptiblement, irrésistiblement, il m'a poussée hors du jeu dont autrefois je faisais partie et dans lequel Marie, en voulant me faire rencontrer l'amour, essaie de me réintégrer. Je ne suis pourtant pas certaine que ce soit la solution. Pourquoi faudrait-il absolument être en couple ? Les hommes et les femmes sont faits pour se reproduire. Pas pour vivre ensemble. J'éternue. Je me mouche. Non, c'est pas vrai. Moi, j'ai adoré vivre avec toi. Seulement pour être capable d'aimer je vais d'abord devoir affronter ma peur du risque de souffrir de nouveau. Je fais une boule avec mon Kleenex et je vise la poubelle de la cuisine. Hop. Raté. Je le ramasse. Assez joué. Il est vraiment temps de préparer mes affaires pour la cérémonie de ce soir. Picotements dans le ventre. Le trac est toujours là. Comme avant un concert.

D'ailleurs, depuis ce matin, je suis la même préparation mentale et physique. Un truc utilisé par Rachmaninov, si je me souviens bien. Tout faire lentement. Chaque geste, chaque réflexion. Et rejouer son programme au ralenti. Mon dernier récital remonte à quatre ans, pour le *Sacred Voice Festival of London*. Ce soir, finalement, je ne vais faire que remplacer le piano par le tambour. Quant à la transe...

Un jour, j'accompagnais un violoncelliste concourant pour son prix de conservatoire. Nous jouions depuis environ un quart d'heure une sonate de Beethoven. J'étais bien. Tellement bien que soudain j'ai eu l'impression de sortir de mon corps pour aller me fondre dans la musique. Je ne sais pas combien de temps ça a duré, mais quand je suis « revenue », j'ai vu mes doigts jouer tout seuls. Ils avaient continué sans moi. Comme dans le dessin animé où le loup, ne s'arrêtant pas de courir, voit soudain le vide en dessous de lui. Il tombe. Eh bien là, j'ai dû m'arrêter. Je ne savais plus du tout où mes doigts en étaient de la partition. Tout le monde m'a regardée. Je me suis excusée. Mais je n'ai évidemment pas pu expliquer la raison de cette « panne ». Peut-être encore une forme de transe. Mon nez coule. Putain de rhume. J'avais oublié à quel point il était désagréable, parfois, d'être humain. Je me mouche. Laetitia vient me chercher dans une heure. La sorcière doit rassembler ses affaires. Préparer son chaudron. Astiquer son balai. Manque plus que le chat noir. Inspiration.

Je vais dans mon bureau récupérer le tambour. Un monstre d'un mètre de diamètre sur quinze centimètres d'épaisseur. « Il doit toujours être au-dessus de ta tête », a dit Enkhetuya. Dans son tipi, il est accroché à l'un des petits troncs dont l'armature est constituée. À Paris j'ai planté une cheville et vissé un gros crochet dans le mur au-dessus de ma table de travail.

Je le regarde souvent, mon vaisseau de psychonaute. Pas de chamane. Ce titre ne convient pas encore à mon mental d'Occidentale. Je préfère celui d'exploratrice de la psyché, parce qu'en jouant de ce tambour dont le son me fait entrer en transe et avoir des visions, j'ai l'impression de faire un voyage dans les méandres de mon cerveau. D'avancer pas à pas sur ce dernier continent restant à explorer. De découvrir des perceptions auxquelles je n'ai pas accès autrement. Je monte sur une chaise. Pas besoin d'électronique pour un tel voyage. Un peu de bois de mélèze et une peau de biche de trois ans. De la science-fiction « bio ». De mes deux mains, je le décroche. Il est vraiment lourd. Sourire. La première fois que je l'ai eu en main, je me suis demandé comment j'allais avoir la force de le tenir tout le temps d'une cérémonie, deux heures au moins. Et comment j'allais pouvoir jouer et entrer en transe en même temps. « Prends le tambour, joue et les esprits t'enseigneront ! » m'a répondu Enkhetuya avec son air « tu comprendras quand tu seras grande ». Ça m'a énervée, mais j'ai dû m'en tenir à cette réponse. Le jour de ma première cérémonie, j'ai donc joué du tambour et en quelques minutes tout s'est déclenché. Plus fort que ma raison. Je n'ai plus ressenti le poids du tambour...

Enkhetuya avait raison. En me disant : « Les esprits t'enseigneront », elle m'avait tout simplement obligée à réaliser qu'il y a des choses aujourd'hui inexplicables mais pourtant bien réelles. Je ne devais donc pas les refuser d'emblée, mais oser me jeter à l'eau, accepter de perdre le contrôle de ce que mon mental avait l'habitude de gérer, pour « vivre » ce que je ne pouvais croire et ainsi me faire ma propre opinion...

Je redescends de la chaise avec mon vaisseau à bout de bras. En marchant, j'éclate de rire. Si au moins j'arrivais à provoquer cet état de « force surhumaine » pour déménager mon piano. Je dépose le tambour sur la table en Formica jaune de la cuisine. J'aime bien le jaune.

La couleur soleil me manque à Paris. Alors ma mère, toujours là quand il le faut, m'a donné cette table des années soixante.

Reste à emballer les offrandes. Super important, les offrandes. D'après les Mongols, les esprits sont comme les humains, ils sont susceptibles. Si tu fais quelque chose qui ne leur plaît pas, ils se vexent et te punissent en t'envoyant des problèmes. Alors, pour les calmer et se faire pardonner, le consultant comme le chamane doivent leur faire des offrandes du genre vodka, bon-bons, cigarettes...

J'ai acheté des Michoko, des Chupa Chups, des Cha-mallow, des Prince, du lait censé les apaiser au cas où ils seraient vraiment, vraiment vexés, une bouteille de Zubrowska, ma vodka préférée, et un paquet de ciga-rettes sur lequel j'ai barré la mention FUMER TUE pour la remplacer par FUMER FAIT VIVRE. Parce que le danger, pour les esprits, n'est pas de mourir. Mais bien de vivre. Ils doivent même se demander ce qu'est la vie, comme je me demande ce qu'est la mort. Peut-être ont-ils autant la trouille de vivre que je l'ai de mourir. Bon. La sor-cière pour l'instant est vivante. Et elle voudrait bien que les esprits viennent lui parler pendant les transes. Nor-malement le travail du chamane est de leur demander pourquoi ils envoient des problèmes à la personne venue le consulter. Mais ils ne m'ont encore jamais répondu. Il faut dire qu'à part mes hurlements de loup, je n'arrive pas à leur parler avec des mots pendant les cérémonies. Enkhetuya dit que c'est normal. Elle a mis trois ans à y arriver. Comme un enfant se met un jour à parler, je devrais mettre également deux ou trois ans avant d'être capable de babiller mes premiers mots...

— Oui, mais une fois que je parlerai, comment et à qui je vais devoir poser les questions ?

— Aux animaux que tu vois pendant la transe ! Ce

sont eux les esprits. Et surtout le loup, il est ton animal, un animal fort, capable de tout...

Capable de tout ? Pas mon loup en tout cas. C'est le plus flemmard de Mongolie. La preuve. Cet été, dans le cadre de mon « entraînement », Enkhetuya a voulu me faire faire une cérémonie pour apprendre à interroger les esprits. Ma mission, si je l'acceptais, était de leur poser la question d'une jeune femme mongole venue la consulter : « Oui ou non était-elle chamane ? »

J'ai joué du tambour. Je suis entrée en transe. Et là, impossible de poser la question. Mon mental l'avait oubliée. J'ai vu la tête du loup. Il a poussé des hurlements de loup. Je lui ai répondu par des hurlements de loup. Mais il n'a pas pris la peine de traduire et je n'ai pas pu interpréter ce que j'avais entendu, ni donner de réponse à la jeune femme après la cérémonie.

Enkhetuya a dû m'expliquer. Les réponses des esprits, contrairement aux questions posées par le chamane, n'arriveraient pas sous forme de mots, mais plutôt comme des évidences, des trucs ressentis très fort...

— Mais je ne ressens rien !

— Le problème est que ta logique est trop présente encore. Elle t'empêche de voir les réponses. Pourtant là, à ta portée. Tu sais beaucoup plus de choses que tu ne penses !

— Peut-être, mais comment je fais pour accéder à ces choses que je ne sais pas que je sais ?

— Pour l'instant, ton mental agit comme une couverture sur cette connaissance « perceptive ». Mais un jour, dans une vingtaine d'années, peut-être même trente, quand, grâce au travail du tambour, tu auras suffisamment développé le côté perceptif de ta personnalité, tu sauras, sans savoir pourquoi tu sais, que les portes de cette connaissance se sont ouvertes à toi.

— Trente ans ! Tu ne pourrais pas demander à tes esprits de m'accorder une formation accélérée ?

— Mais tu es encore sourde à leur langage, alors même avec une formation accélérée ! Disons pour l'instant que tu es une bulle de savon. À l'intérieur de cette bulle, tu penses, tu as des sensations, tu as conscience qu'il y a autre chose de l'autre côté. Et tu te demandes comment faire éclater les parois de cette bulle. Mais tout ce que tu dois réaliser est que ta bulle est ton ego. Plus il est fort, plus elle est étanche...

— Alors, c'est pas gagné...

— Oui, mais un jour, sans savoir pourquoi, tu sauras que tu as percé cette bulle.

— Je saurai ? Mais comment je saurai ?

— Comme on sait ce qu'est l'eau en plongeant dedans, tu sauras soudain ce qu'est l'entourage de ta bulle parce que tu seras dedans. Tu en feras partie. Tu sauras parce que tu seras...

— Oui, mais tu ne pourrais pas au moins décrire le genre de sensation que j'aurai ?

— Si tu expliques à quelqu'un qui n'a jamais plongé dans l'eau ce qu'est la sensation de l'eau sur la peau, il pourra vraiment le comprendre ? Non. Personne ne peut t'expliquer ce que tu vas ressentir. Et méfie-toi d'un maître affirmant le contraire. Il t'apporterait forcément ses réponses. Ses sensations. Pas les tiennes.

— À quoi tu sers alors, si tu ne peux pas me donner de réponses ?

— Juste à t'indiquer les outils qui devraient te permettre d'ouvrir ta bulle ! Mais ne t'inquiète pas. Les réponses arrivent quand on est prêt à les recevoir. Un jour, tu seras prête. C'est certain...

Je jette les offrandes dans un grand sac en plastique rouge. Pour les outils, elle a raison. C'est pas sur Google que je risque de les trouver. Je vais déposer le sac dans l'entrée. Mais tout ce que je comprends pour l'instant c'est que je suis seule. Seule dans ma bulle. Seule à me poser des questions. Seule à pouvoir y répondre. Seule responsable de mon évolution. Seule dans ma merde. Driiiiing. C'est qui ? Coup d'œil à ma montre. 19 heures. Laetitia. J'ouvre la porte.

— Je ne t'embrasse pas, j'ai la crève !

Elle sourit. C'est la première fois qu'elle va voir un « loup enrhumé ». Je me mouche. Et un doute, soudain, surgit dans mon esprit.

— Dis-moi... En Mongolie, il y a plein de loups, il semble donc normal que je me transforme en loup...

— Si on veut, mais pourquoi tu me dis ça ?

— Parce qu'il n'y a pas de loups à Paris... Et si c'est l'animal du coin en lequel je me transforme, en quoi je vais me transformer tout à l'heure ?

— Ben... En yorkshire !

Elle éclate de rire. Moi aussi.

— Et si le son du tambour ne me faisait rien du tout à Paris ?

— Tu veux dire qu'il ne provoque pas du tout de transe ?

— Oui...

— Eh bien, on est là pour le savoir !

Évidemment. Mais s'il ne me faisait pas d'effet, dans un sens, ça m'arrangerait. Plus de transe, plus de loup. Je redeviens normale. Bon. Vérification de la check-list. Pas question d'oublier un truc. Costume de chamane, tambour, offrandes, assiettes en carton, Thermos de thé, Thermos de lait, deux bols, branches de genévrier, l'encens utilisé par les chamanes mongols, une bougie pour les enflammer, une boîte d'allumettes pour allumer la bougie et deux paquets de Kleenex. Pour mon rhume. Tout est prêt ? Oui.

Nous partons installer le matériel dans ma voiture et direction La Tempête, qui porte bien son nom. Dans ma tête elle commence à faire des ravages. J'ai beau me dire que toutes les personnes invitées sont des amis, apportant eux aussi des offrandes et des tartes pour « après », je n'arrive toujours pas à imaginer la suite.

Trois embouteillages plus tard, nous arrivons enfin sur le lieu de ma performance. Antonia m'accueille. Observe ma tête à l'envers. Me rassure en riant. « Viens voir le beau buffet qu'on te prépare ! » Mouais. La plupart de mes amis sont déjà là. Fanfan, Richard, Sabine, Mimi, Bernard, Mike, Julia, Caroline, Lucie, Dominique, Georges, Valérie, Patrick, Maud, Isa, Régine, Jeanne, Danièle...

Je les embrasse, tout en les mettant en garde sur ce qu'ils risquent de voir. Ils n'ont pas l'air inquiets. Ça me rassure un peu. Je suis émue, très émue en tout cas par leur soutien. Laetitia me présente Jan. Il a étudié avec un chamane en Amazonie. Et Rama, une de ses consœurs anthropologues.

Marie arrive, tout en cachemire vert amande, accompagnée de Marc, le frère d'un de ses ex. Le seul à l'avoir quittée avant qu'elle ne se lasse. Elle a mis deux semaines à s'en remettre. Un record pour Marie. Je me demande ce que Marc fait là. Aucune nouvelle de lui depuis au moins six mois. « J'ai apporté ton cake aux olives préféré, dit Marie, et une bouteille de vodka pour les offrandes. C'est fou de te voir là, j'étais certaine que tu allais te dégonfler ! » Haussement d'épaules. J'embrasse Marc, contente de le revoir, en me demandant s'il est déjà son amant. Sa barbe de trois jours gratte mes joues. Il a des yeux anthracite, un regard sombre, ourlé de cils noirs. Une gueule et un corps de boxeur.

Toujours aussi beau. « Je ne savais pas que le chamanisme t'intéressait ? » Pas le temps d'attendre la réponse, Laetitia m'apporte le tambour. Surprise. La peau de biche dont la surface est normalement tendue est toute gondolée. « Montre-moi », dit Marc. Je lui passe le tambour. Œil rond.

— Mais il est super lourd !

— Huit kilos deux cent soixante-dix grammes...

Il l'observe, le tourne, le retourne.

— Ça sert à quoi les bouts de métal à l'intérieur ?

— Ce sont des grelots. Pendant la transe, ils se mettent à sonner. Signal que les esprits sont là. Comme on ne peut pas les voir, ils font du bruit...

Ses sourcils se lèvent genre « mais oui, c'est ça ». Il approche le tambour de son visage. Observe l'armature, tâte le bois.

— Tout semble en bon état. C'est sans doute l'air d'ici. Trop humide...

Je reprends le tambour. Mon index frappe quelques coups sur la peau pour évaluer l'ampleur des dégâts. Ploc. Ploc. Ploc. On est loin du boum-boum sec censé me plonger dans la transe. « Ce son-là risque juste de te plonger dans une sieste ! » ajoute Marie toujours rassurante. Solution ? Il faut chauffer la peau, dit Marc. *Of course*, mais comment ? Pas avec un radiateur ! En Mongolie, il y a le poêle auprès duquel on l'installe dès le matin de la cérémonie. « Antonia, on a un problème ! » Antonia trouve toujours une solution pour aider ses amis. Elle ne peut faillir ce soir. Le silence se fait en attendant le verdict.

— Il y a plein de feuilles mortes dehors et des branches cassées. On va en faire un tas et y mettre le feu !

Voilà, elle a trouvé. Elle confie le tambour à Mike, mon copain sculpteur. Il l'observe. Donne deux petits coups sur sa peau. Moue dubitative.

— Et c'est en tapant là-dessus que tu te transformes en loup ?

J'opine. *No comment.*

— Mais ça sert à quoi ?

— C'est bien ce que j'essaye de découvrir ! Tout ce que je peux dire, c'est que le chamane serait une sorte de lien entre le monde des esprits et celui des humains...

— Un lien ?

— Oui, son rôle est d'aller négocier avec les esprits la façon de résoudre le problème pour lequel tu es venu le consulter.

— Mais qui sont ces esprits pour les Mongols ? Des morts ? demande Antonia.

— Pas seulement. Chaque élément de la nature, montagnes, ciel, rivières, animaux, aurait aussi un équivalent esprit...

— Comme une sorte de représentation dans l'invisible ? interroge Mike.

— Je suppose. Je me suis d'ailleurs souvent demandé si ce monde des esprits n'était pas tout simplement la représentation symbolique de l'ensemble des énergies ou des vibrations produites par chacun de ces éléments...

— Mais comment le chamane fait-il pour « négocier » avec ces entités ?

— Il organise une cérémonie pendant laquelle il leur parle...

— On peut « parler » aux esprits ?

— Grâce à la transe. Dans cet état, le chamane aurait des perceptions différentes lui permettant d'entrer en contact avec « eux »...

— Et toi, tu sais le faire ? demande Marc.

— Non ! Il faut, paraît-il, beaucoup d'années de pratique pour y arriver. Mais si le chamane est un bon négociateur, les esprits acceptent de lui dire pourquoi la personne a un problème et ce qu'elle doit faire pour éviter d'en avoir d'autres.

— Et une fois cette réponse en poche, le problème est réglé ? La personne est guérie ?

— On ne parle pas de guérison dans le cadre d'une cérémonie chamanique mongole, mais de réparation...

— C'est-à-dire ?

— D'après les Mongols, les esprits sont susceptibles. Si tu fais un truc qui ne leur plaît pas, ils se vexent et te punissent...

— Mais alors, enchaîne Mike, les problèmes seraient une sorte de mise en garde pour te montrer que tu es dans l'erreur ?

— Oui. C'est pourquoi le rôle du chamane n'est pas de « guérir », mais seulement de donner le mode d'emploi pour « réparer » l'offense faite aux esprits...

— Et c'est donc à chacun, une fois l'erreur identifiée, de modifier son comportement pour arrêter le processus de punition ?

— Oui...

— Mais si une personne a subi une blessure, après un accident de cheval par exemple, que peut faire le chamane ? demande Marc.

— Je ne sais pas. Tu vois, cet hiver je me suis ouvert la main avec un couteau à huîtres, eh bien, je n'ai pas pensé un seul instant à faire une cérémonie, je suis allée aux urgences. Aujourd'hui les Mongols vont d'abord à l'hôpital et ensuite chez le chamane, car le fait de se couper ou d'avoir un accident est pour eux le signe d'une âme en désordre...

— Alors, d'après toi, le chamane ne pourrait intervenir que sur la part psychologique d'un problème ? demande Claire, mon éditrice.

— C'est une supposition, mais tu le sais, je ne suis qu'au début du parcours...

— Et à quoi sert une cérémonie alors, si tu n'arrives pas à négocier avec les esprits ? demande Mike.

— Pour l'instant je me transforme en loup. Mon nez devient une truffe qui ne sent plus des odeurs, mais ce qui me paraît être des énergies. Je me mets alors à chasser les mauvaises à grands coups de battoir sur le tambour...

— Alors je suis volontaire pour que tu chasses mes mauvaises énergies, je les accumule en ce moment !

— Oui, ben moi, ça me fout la trouille tout ça ! conclut Marie.

Antonia nous rappelle qu'il faudrait peut-être presser le mouvement. Mike s'éloigne avec le tambour. Je lui lance ma dernière recommandation :

— Pas trop près du feu, le tambour, hein ?

— Je suis un spécialiste du BBQ, ne t'inquiète pas, il sera « à point » !

En riant, Antonia propose de m'aider à monter le reste des affaires dans le lieu où doit se dérouler la cérémonie. La salle de répétition du premier étage. Laetitia et Marc nous accompagnent.

L'espace fait environ cent mètres carrés, le sol entièrement recouvert de parquet. Comme il est beaucoup plus grand que le tipi d'Enkhetuya, Laetitia va faire en sorte de délimiter un espace réduit à l'intérieur duquel je vais pouvoir jouer du tambour et « travailler » sur les personnes présentes sans avoir à parcourir des kilomètres.

— Le tipi ? relève Marc. Tu veux dire un tipi comme les Indiens d'Amérique ? je croyais que les Mongols vivaient dans des yourtes...

— Dans des *gers*. On dit *ger* en mongol. Yourte, c'est le mot russe...

— Ah pardon, alors elle ne vit pas dans une... *ger* ?

— Non, elle est tsaatan, une ethnie originaire de

Sibérie qui aurait migré en Mongolie au début du XXe siècle, peu après la mise en place du régime communiste. Leur particularité est d'élever des rennes et de vivre dans des tipis...

— Mais comment tu t'es retrouvée là-bas ?

— Marie ne te l'a pas dit ?

Marc m'explique que Marie et lui se sont retrouvés hier par hasard dans une même soirée. Un anniversaire organisé à La Boule Noire à Pigalle. Vu le volume sonore de la fête, ils n'avaient pas pu discuter beaucoup, mais en partant elle lui avait proposé de l'accompagner le lendemain à ma « soirée ».

— Tu t'intéresses réellement au chamanisme ?

— Pour des raisons, disons... personnelles...

Je ne fais aucun commentaire, mais je suppose que ses raisons s'appellent Marie. Pas grave. Je réponds quand même à sa question sur ma présence en Mongolie. Version light. Je faisais un reportage pour BBC World Service sur les chamanes de Mongolie [1]. Nara, une amie mongole, avait accepté de me guider pour entrer en contact avec eux. Grâce à elle j'ai pu assister à une cérémonie. Le chamane là-bas entre en transe en jouant du tambour. Je ne sais pas si c'est à cause de la taille de l'instrument, environ un mètre de diamètre, mais le son m'a fait un effet incroyable. Il s'est propagé dans mon corps comme un immense frisson. Mon cœur a changé de rythme. Mes yeux se sont mis à tourner, mes bras à battre, mes jambes à sauter, mon corps à faire des bonds, des images de loup ont squatté mon cerveau, mon nez s'est mis à renifler, j'ai vraiment eu l'impression de devenir un loup et je me suis sentie glisser jusqu'à une sorte de porte dans... dans le son du tambour.

1. Cf. *Mon initiation chez les chamanes...*, *op. cit.*

41

— Une porte dans le son ?

— C'est curieux, je sais. Mais le plus extraordinaire, c'est que j'avais conscience de ce que j'étais en train de vivre. Je ne pouvais juste plus le contrôler. Je me suis dirigée vers la porte. Puis le battement du tambour s'est arrêté. Juste à temps. Juste au moment où j'allais la franchir. On m'a secouée. J'ai fini par ouvrir les yeux. Le chamane était devant moi. L'air inquiet, il a dit : « Pourquoi ne m'as-tu pas dit que tu étais chamane ! » Cette remarque a fini d'ouvrir mes paupières.

— Tu parles ! Mais qu'est-ce que tu as répondu ?

— Qu'il se trompait ! Mais il n'a pas tenu compte de ma remarque. « Si le tambour peut provoquer en toi une telle réaction, c'est que tu es chamane. Les esprits t'ont désignée. Tu dois suivre l'enseignement secret réservé aux seuls chamanes. » Ce qui voulait dire passer trois ans au fin fond de la Mongolie avec un maître chamane...

— Et si tu refusais ?

— Les esprits allaient m'envoyer de sérieux problèmes...

— C'est dingue, quand même...

Il s'arrête de parler. L'air préoccupé soudain. J'attends. Je pense que j'ai été injuste avec lui. Il semble vraiment s'intéresser à mon histoire.

— C'est à cause de cette menace que tu as décidé de suivre cet enseignement ?

Une boule d'émotion me serre la gorge. Le chamane m'avait alors affirmé que ta mort était déjà un problème envoyé par les esprits pour m'obliger à prendre le chemin du chamanisme. D'après lui, c'étaient eux, les esprits, qui m'avaient conduite en Mongolie. Pas le reportage. Ça m'avait d'abord mise en colère. Il m'était impossible d'accepter que ceux qu'on aime puissent mourir parce qu'on n'est pas soi-même sur le bon chemin. Je regarde Marc. Silencieux. La gravité de son visage soudain me touche. Son regard a quelque chose d'émouvant. Je ne l'avais jamais remarqué. Sa voix aussi semble avoir changé en six mois. Elle est plus aiguë. Moins accordée à son apparence d'athlète. Bizarre. Mais j'ai tout à coup envie de lui dire les mots que je n'ai jamais prononcés. Envie d'avouer. De poser dans cette voix le poids de mon fardeau.

— Oui. J'ai cédé à la menace. À force d'insister, le chamane a fini par me faire douter...

Je baisse la tête. Impossible de prononcer les mots qui alors m'avaient hantée. Et s'il avait raison ? Et si ta mort avait vraiment été le prix à payer pour ne pas avoir compris que j'étais chamane ? Avais-je le droit de prendre le risque de perdre d'autres de mes proches ? Voilà pourquoi, en plus de l'espoir de retrouver ton esprit, j'avais accepté de suivre l'enseignement d'Enkhetuya, la chamane désignée pour me transmettre cette connaissance. Marc hoche la tête en silence.

— Tu pensais que le chamanisme pourrait t'apporter une réponse à la mort ?

— Ou... arrêter une malédiction...

Bruit de métal. Nous sursautons. Antonia et Laetitia sont en train d'installer des petits bancs autour de l'espace dans lequel je vais jouer du tambour. Antonia me demande si j'ai besoin d'autre matériel. Oui, une table, là contre le mur, pour installer une sorte d'autel et une chaise pour poser mon costume. Je demande à Marc de m'aider à le sortir de son sac en toile.

— C'est normal, l'odeur de bouc ?

Je rectifie. De chèvre, pas de bouc. Nous rions. Le costume a la forme d'un *del*, une sorte de manteau traditionnel mongol, à col mao. Le mien est en tissu bleu marine doublé de tissu chocolat. L'ouverture est sur le devant, bordée de bandes de peau de chèvre dans lesquelles ont été découpées des franges d'un centimètre de large.

— Quelle est la fonction du costume ?

— La peau est la carapace qui permet de traverser la vie, le visible. Le costume est celle qui doit me permettre de traverser l'invisible...

Marc soulève le costume. Remarque les lames de métal accrochées au dos.

— Le métal symbolise Tenger, le dieu ciel, et des morceaux de ciel.

— Et les cordelettes de toutes les couleurs ? Il y en a beaucoup !

— Quatre-vingt-dix-neuf, des neuf couleurs traditionnelles. Elles représentent tous les éléments dont le monde chamanique est constitué. Le soleil, les saisons, le vent, les arbres, les rivières... C'est par ces cordelettes que Laetitia va me tenir pour m'empêcher de me faire mal, mais sans entraver mes mouvements.

Nous déposons le costume sur la chaise que vient d'apporter Antonia. Des bandes de tissu blanc sont attachées sur le dos. Il les touche. Les observe...

— Mais y a des trucs écrits dessus !

— Ne lis pas. Ce sont les questions que les personnes avec qui j'ai travaillé ont posées aux esprits...

Je caresse les bandes. Elles contiennent l'essence des problèmes de chacun. Leur synthèse en une phrase. Tout à l'heure, ceux qui le voudront accrocheront la leur sur mon costume. Le chamane porte ainsi tous les vœux et questions des personnes venues le consulter. Plus le chamane est expérimenté, plus il porte de bandelettes ainsi « tatouées » sur le dos de son costume. Enkhetuya en a une véritable cascade. Elle les offre aux esprits, lors de la cérémonie. Les leur met sous le nez. Les chatouille. Comme autant de mauvaises consciences qu'ils ont le devoir d'apaiser. Au travail, les esprits !

Moi j'en ai juste une quinzaine sur mon dos. Aussi légères et lourdes que l'espoir qu'elles représentent. Mais comment savoir si le chamane peut véritablement répondre à cet espoir ?

— Et les bandes restent là combien de temps ?

— Tant que le costume existe. La question ou le vœu sont ainsi « rappelés » aux esprits à chaque cérémonie.

Laetitia m'annonce que la salle est prête. Elle va aller voir si la peau du tambour est assez tendue. Je dois maintenant rester seule pour terminer l'installation. Une façon de me concentrer avant le saut dans l'autre dimension.

Lentement je me dirige vers la table sur laquelle est posé le sac d'*ongots*, la représentation en tissu des esprits avec lesquels le chamane est censé travailler. J'en ai cinq pour l'instant. Des super assistants en quelque sorte. Plus j'aurai d'années de pratique et plus j'en « gagnerai ». Ces esprits apparaissent parfois dans les visions sous la forme d'animaux. Chaque chamane a ainsi « son » animal principal. Le mien est le loup. Celui d'Enkhetuya le corbeau. Mes pas résonnent dans la salle vide. Mon cœur aussi, je crois. Il bat fort maintenant. Pour suspendre mes *ongots*, je tends un *khadak*, l'écharpe de cérémonie en soie bleue, entre les deux clous plantés au mur par Antonia.

La guimbarde est le premier de la liste. Enkhetuya l'a « habillée » de neuf rubans de couleurs différentes. Les neuf couleurs représentent les quatre-vingt-dix-neuf cieux du monde chamanique. Le rôle de la guimbarde est d'appeler les esprits en début de cérémonie. J'ai dû passer un an à jouer de cet instrument pour « apprendre » leur langage. Un an à me casser les dents sans savoir si mes dziiin, dziiiiin, doiiing étaient le bon voca-

45

bulaire pour les attirer. En tout cas je n'ai encore jamais rien « entendu » venir.

Le deuxième *ongot* est le miroir. Un disque de cuivre poli d'une quinzaine de centimètres de diamètre, censé protéger le chamane en réfléchissant les mauvaises énergies, pour les renvoyer d'où elles viennent. Il sert également de support à la divination. Comme une sorte de boule de cristal. Je ne m'en suis encore jamais servie. Enkhetuya m'enseignera sa technique l'année prochaine.

Le troisième *ongot* est l'aigle, l'esprit des airs. Un amas de bandes de tissu, dans lequel Enkhetuya a inséré des cartilages de poisson pour y associer les esprits des rivières. Je le place à côté du miroir et de la guimbarde. Le piège à esprits se construit. Pièce par pièce, geste après geste. Comme ma vie. J'y ajoute « l'enfant berger », *ongot* sur lequel est attachée une peau de rongeur pour représenter l'esprit de la terre. Le dernier est l'esprit du tambour, déjà accroché à la barre transversale me permettant de le tenir.

J'ai terminé.

Pour mieux me rendre compte de l'ensemble de mon œuvre, je fais deux pas en arrière, tête penchée vers la gauche, mon côté d'analyse esthétique...

Je vois des bandes de tissu des neuf couleurs réglementaires, mélangées à un miroir, une écharpe en soie bleue, une guimbarde, des morceaux d'os de poisson, une peau de petit rongeur, des poils de loup, un serpent en poil de renne, des poches d'encens. Un vrai fouillis finalement. Ou... du *chaman art* !

Dans l'œuvre présentée ce soir, l'artiste a conceptualisé l'idée qu'il était possible, en plein Paris, d'ouvrir un passage vers le monde des esprits. Un espace-temps dans l'espace urbain, explorant le subtil jeu d'équilibre des paradoxes de la société occidentale...

Fille spirituelle de Jérôme Beuys, l'artiste allemand qui se définissait lui-même comme chamane et dont le travail aurait des fonctions thérapeutiques, elle...

Elle quoi ? Elle se demande bien où elle est, elle, justement dans tout ça. Et n'est pas la seule d'ailleurs. Badmaa, la fille d'Enkhetuya désignée pour lui succéder comme chamane, ne sait plus non plus où elle en est. L'été dernier, après être allée rassembler les rennes, j'ai vu dans l'herbe à côté du tipi une grande couverture de laquelle dépassaient six paires de jambes. Et un groupe électrogène en train de pétarader. Je me suis glissée sous la couverture pour découvrir ce que tout ce monde pouvait bien y faire. Badmaa, Oyundaley, sa sœur, et quatre copains regardaient une télévision reliée à un lecteur vidéo. « C'est un ami mongol qui a filmé ça en Corée, viens voir, c'est génial... » Je me suis approchée de l'écran pour mieux me rendre compte. Il n'y avait que des images de voitures. Toutes sortes de voitures sur des autoroutes. Comme si on avait filmé le périphérique aux heures de pointe à Paris.

J'ai regardé une dizaine de minutes, pensant découvrir d'autres images de ce pays. Mais non. Seules les voitures avaient été filmées. Les pétarades du groupe électrogène, placé à trois mètres de là, ont fini par me casser les oreilles. J'ai fui. J'aimais mieux avant. Il y avait juste un an. Quand j'entendais seulement le son des sabots faisant parler la terre pour nous annoncer l'arrivée d'un cavalier, le grincement de la porte en métal du poêle, le craquement du bois sous les coups de hache, le son de l'herbe broutée par les rennes...

Sous mes yeux, une page se tournait. C'était au tour des Mongols de goûter au « progrès selon l'Occident » et de découvrir à quel point le silence était un luxe. Badmaa me l'a dit cette année. Elle préfère acheter des fringues, danser dans les boîtes de nuit, faire des études, rouler en 4 × 4, avoir un ordinateur, un téléphone portable. Elle en a assez de sa vie dans un tipi. Elle ne veut pas être chamane. Elle ne veut pas être au service des autres.

Mais si l'Orient perd ses chamanes, l'Occident doit bien les récupérer, non ? Comme une circulation d'énergies. Rien de plus.

Et c'est tombé sur moi.

Le sens est peut-être là. Mon rôle serait-il tout simplement de perpétuer une flamme qui ne doit pas s'éteindre ?

J'étale un *khadak* sur la table. Sa surface devient bleue. J'y dépose le paquet de cigarettes, quatre assiettes en carton dans lesquelles je mets les Michoko, j'en mange un au passage, les Chupa Chups, les Chamallow, les Prince, les deux bols, que je remplis à ras bord de lait et de thé, et la bouteille de vodka. Une partie de ces offrandes sera récupérée et partagée entre nous à la fin de la cérémonie. D'après les chamanes, elles seront chargées d'une énergie spirituelle censée apporter chance et santé à ceux qui vont les consommer. Même les cigarettes. De quoi, pour une fois, fumer sans flipper.

Laetitia arrive avec le tambour. Bonne nouvelle. Sa peau est bien tendue. Je la touche. Elle est encore chaude. Trois petits coups d'index. Mike a bien travaillé, le son est parfait. Mon vaisseau est prêt à m'emmener en voyage. Laetitia installe l'encens et la bougie. Je lui montre la guimbarde au milieu des *ongots*. Elle devra en jouer pour me faire « revenir » de la transe. Enkhetuya lui a montré comment faire.

Antonia a réglé les projecteurs au minimum de lumière possible. Pas pour plaire aux esprits, mais pour moi. Pas envie de trop dévoiler ma gueule de loup. Tout le monde est assis. Sauf Laetitia, chargée de me tenir, et Marie, armée d'une cuiller en bois, pour projeter des gouttes de lait sur mon costume au cas où la transe serait trop forte. Elle m'a avoué qu'elle avait vraiment la trouille mais elle a accepté. Par amitié.

Je m'installe au centre de mon aire de « décollage ». J'explique un peu comment va se dérouler la cérémonie. « Je ne sais pas si, à Paris, ça va marcher. Ni en quoi je vais me transformer. » Silence. « Enkhetuya m'a conseillé de réciter des prières mongoles pour apaiser les esprits, mais je n'ai jamais réussi à les mémoriser. Alors elle m'a donné l'autorisation de dire ce que je voulais. C'est l'intention qui compte. Je vais donc réciter une table de multiplication. Pour commencer en tout cas. Une fois en transe, je n'en suis plus capable. Silence. Merci d'être là, j'espère que vous ne serez pas trop effrayés par ma transformation. » Les regards se croisent. « Et si je me précipite sur quelqu'un, c'est que je ressens une mauvaise énergie à chasser. Pas d'inquiétude, Laetitia est là pour me retenir et m'empêcher de mordre ! Bon. C'est tout. Alors à tout à l'heure... »

Je me mouche une dernière fois. Laetitia enflamme une branche de genévrier. Je l'entends grésiller. Elle souffle dessus pour éteindre les flammes. Les morceaux incandescents se mettent à fumer. J'inspire. Ça sent bon. Pour les purifier, elle passe le tambour et le costume dans la fumée. Je m'assois par terre. J'enlève mes chaussures. Après les avoir également passés dans la fumée, Laetitia m'apporte les chaussons en peau de chèvre. Mes bottes de Sept Lieues. Elles ressemblent à des Uggs, sans la fourrure à l'intérieur. Sans les semelles. Pas d'isolant entre la terre et les pieds du chamane. Juste de la peau de chèvre. Les grelots de métal accrochés sur l'extérieur m'indiqueront le chemin parcouru dans cet espace où les distances se calculent en son. Je serre les lanières autour de mes chevilles. Pas trop.

Le sang doit circuler. Tout doit circuler. Avancer. Se propager.

Je me lève. Mes orteils s'installent à l'intérieur de leur nouvel habitacle. Ils trouvent leur équilibre. Je regarde Laetitia. Elle est concentrée elle aussi. Je tends mes bras. Elle m'aide à enfiler le costume. Lentement il me rend invisible. Lentement il me transforme en ce personnage sans visage, sans ego, qui doit traverser ses peurs pour accéder au « monde des esprits ».

Laetitia place autour de ma tête une sorte de bandeau sur lequel sont attachées les plumes noires d'un oiseau sacré de Mongolie. Le *soïr*. D'après la légende, il ne se nourrit que de plantes médicinales et d'eau pure des montagnes. Les Mongols le chassent et le mangent comme un aliment de guérison et de purification. Les chamanes utilisent ses plumes comme un lien symbolique avec le ciel. C'est grâce à elles qu'il peut voler jusqu'au monde des esprits...

Du bandeau partent également des franges en tissu. Elles se placent devant les yeux du chamane, pour l'empêcher de voir les mauvais mondes qu'il est censé traverser avant d'arriver dans le monde des « bons » esprits. Ceux qui donnent les réponses...

Les franges cachent mon visage. Je ne vois plus personne. Je sens les doigts de Laetitia dans mes cheveux. Elle serre les cordons de fixation autour de ma tête. Je mets mon index à leur intersection pour qu'elle puisse faire un nœud. Soupir. Qui suis-je devenue ? J'ai des poils. Et des oreilles. Un tambour en peau de biche, un battoir recouvert de peau de chèvre, des chaussons en peau de chèvre, un costume, un chapeau orné de plumes. Et je pue la chèvre. Comment savoir à quoi tout cela peut bien servir ? Faut-il se contenter de faire les choses parce qu'on se sent poussé à les faire ? « Tais-toi et nage. » Voilà la seule réponse dont je doive me contenter.

Laetitia tape trois coups sur le tambour. La peau sonne bien. Très bien. Elle le place dans ma main gauche. Ma main serre la barre transversale. Des petites encoches ont été taillées dans le bois, pour l'emplacement des doigts. Je le soupèse. Je l'enfile. Mon épaule s'adapte à son poids. Toujours aussi lourd. Je le secoue pour faire cliqueter les grelots en métal accrochés à son pourtour. Allez, les esprits, on se concentre ! Laetitia met le battoir dans ma main droite. Je le fais glisser dans ma paume, je le retourne pour qu'il trouve sa place. Je suis prête. Seule. Dans cet espace matérialisé par la fumée d'encens. J'inspire. Odeur-espace. Espace-temps. Qui fond dans mon nez, dans ma gorge, dans mes poumons. Pour révéler... l'envers de moi ? Oui. Dans cet espace, je suis réversible. Envers, endroit, endroit, envers. Ma pensée oscille. Disparaît, apparaît. Elle souffre. Pas stable. Comme un miroir tournant sur lui-même. Reflétant les deux dimensions. Aire de décollage. Je suis prête.

Le tambour tenu comme un bouclier, je frappe deux petits coups. J'écoute la direction du son que je dois suivre. Je frappe de nouveau. Le son devient plus profond, le rythme plus rapide. À haute voix je commence à réciter une table de multiplication. Ma préférée. Trois fois un trois, trois fois deux six, trois fois trois neuf. Dans ma tête défile l'intention de la prière magique. Mes yeux se plissent. Comme pour me protéger de quelque chose qui se met à couler en moi. J'inspire. Ça y est. Le son monte dans mon bras droit. Comme une énorme vague de fond, un frisson sonore. Le rythme est là. Il me guide. Il m'emporte dans l'intérieur de moi. Six fois trois dix-huit. Contact. Un univers s'ouvre. Faisant trembler mes bras, mes jambes. J'ai besoin de frapper. De faire sortir ce rythme. Je saute. Sept fois trois vingt et un. Je tape. Submergée par cette énergie si puissante qu'elle me fait ressentir la force de la terre. La force des orages. Le besoin de faire des gestes. De répondre aux paroles des étoiles. Huit fois trois. Mon corps ressent son centre. Vingt-quatre. L'énergie arrive. Neuf fois trois. J'ouvre mes poumons. J'ouvre la voie. La mienne. Je sais qu'elle est là. Derrière ces gestes. Ils me racontent ce que je suis. Dix fois trois. Plus de place pour le mental. Hors service. Respiration haletante. Tenir le choc. Besoin de hurler. Plus fort. Toujours plus fort. De frapper. Je plonge dans le son du tambour. Je glisse. Je voyage. Je tourne. Dans la spirale du son. Dans le noir. J'avance. Je le sens. J'ai peur. Peur. Mon ego se défend. En faisant battre mon cœur. De trouille. Qu'est-ce que « je » risque, au fond, à part découvrir ce que je suis ? C'est ça qui te fait si peur, mon ego ? Oui. Accepter cette découverte, c'est te faire exploser ! « Je » rit. Comme chaque fois que « je » a peur. Mais « je » ne voit rien. Rien. Zéro fois zéro.

M'enfoncer dans le tambour. Monter sur le son. Suivre sa spirale. Plus fort. Plus loin. Vers la porte de l'autre dimension. La porte. Je la sens. Elle est là. Au fond du son du tambour. Comme un mur qu'on ne traverse qu'en devenant rien. « Je » est trop fort. Encore. C'est lui que mon corps frappe. Sculpte. Pour le faire entrer dans sa juste dimension. Pas d'image. Des pulsations. Des pulsions. Loin. Profond. Souffler. Oser. Se laisser emporter par le son. Le tambour chante. Le voilà animé. Et moi avec lui. C'est parti. Concentre-toi. Concentre cette énergie qui te fait voler. La porte. Elle m'aspire comme un trou noir. Sans fin. Jusqu'où ? « Je » ne décide plus. Déconnecté. Qu'est devenu « je » ? Qui est « je » ? Où est « je » ? « Je » a lâché sa raison pour suivre une autre énergie. Pour commencer la traversée du monde invisible. Loin. Loin dans le silence. J'avance. L'énergie me pousse. Elle me pousse à révéler quelque chose, en moi. Ce que je suis. Une forme, inconnue. Des perceptions. Inconnues. Ou toujours niées ? « Je » m'abandonne. Révélant une autre conscience. Une autre forme. Celle d'une bête. Dont la force se propage, se coule, me submerge. Elle arrive. Elle me force à retrousser les babines. Renifler. Le loup. Devant moi. Énorme. Il me regarde. Il m'appelle. La source. Il donne son rythme à mes cellules. Qui éclatent en formant son image. Envie de crier les hurlements qu'il me transmet. Qui entrent dans ma gorge. Je renifle. Je hurle son cri pour libérer le rythme de mon corps. Celui qui n'obéit plus à ma raison. La force du loup est en moi. Infinie. Elle se propage. Comme une empreinte. Là. Dans ma patte de loup. Je tourne. Je renifle. Là. C'est là. Pas une odeur. Autre chose. Babines retroussées. Mes naseaux cherchent. Voler dans ce sens qui n'a plus le même sens. Juste celui d'une odeur sans odeur. Une odeur d'énergie. Douce. Très douce. Je la ressens. Aussi chaude et moelleuse qu'un soleil couchant. Je suis bien. Je m'ouvre. Je me baigne. Attention. Là. Une forme bloque. Mes pattes l'entourent. Sentent ses contours. Résistants comme une peau. Une force y est emprisonnée. Elle fait mal. Elle veut sortir. Couler de nouveau. Frapper la forme. La secouer. La faire tourner. Monter. Monter. Elle va s'ouvrir. Voilà. Cracher. Chasser. Un nuage de fumée noire sort d'un œil. Tourbillonne en spirale. Et puis rien. Je tombe. Retombe. Sous le poids de mon corps. Le son du tambour soudain ne le soutient plus. Atterrissage. Pas très précis. Doiiiing, doiiiing, gzziiin.

Le son de la guimbarde ? Le signal. Rentrer. Chasser le loup. Reprendre ma place. Mes pattes nettoient. Balayent son énergie. Effacent sa truffe. M'obligeant à retrouver ma forme humaine. S'attacher au son de la guimbarde pour retrouver la sortie. Reprise du contrôle. « Je » dois rentrer. C'est moi. Pas le loup. Il est à moi, ce corps. Pas à toi, sale bête. Inspiration. On me touche l'épaule. « Ho, hé ? Tu es là ? Allez, reviens ! » J'ouvre les yeux. Inspiration. C'est Laetitia. Je souris. « Oui, je suis là. » Expiration.

Elle me tend un bol de thé. Mes mains sont de nouveau au bout de mes bras. Elles prennent le bol. Je bois. Je ne mords plus. J'ai froid. Elle allume une cigarette. La fumée envahit mes narines. L'odeur me raccroche à moi. À cette réalité. Je la regarde. Je passe mes mains sur mes yeux. J'inspire. Tout va rentrer dans l'ordre. Dans quel ordre ? Mes yeux s'arrondissent. Je me souviens. Paris. La Tempête. Mes amis. Silencieux. J'observe leurs visages. Inquiets. Surpris. Doux. Soulagés. Ils m'aiment toujours, on dirait...

Geste n° 4

9 h 30. Je touche ma clavicule. La droite. Mes doigts la serrent. Sentent comme elle est dure. Solide. Je fais toujours ce geste pour me donner de la force quand je me sens faiblir. Une minute passe. Je pense à la vision de fumée noire, hier, pendant ma transformation. Laetitia m'a dit que je m'étais précipitée sur Marc. « Toutes dents dehors. » Elle a même dû me retenir pour m'empêcher de lui faire mal avec le tambour. Cette fumée représentait-elle une mauvaise énergie ? Je lâche ma clavicule.

Dans cet état, je ne vois pas les visages. Juste un univers étrange. Un peu comme celui d'un rêve, où on voit des images, on a des sensations, mais plus conscience de l'extérieur, autour de soi. Pendant la transe, je suis dans un monde noir, où je vois apparaître des animaux et des visages aux contours plutôt blancs. Mon corps répond à des forces que je ne contrôle pas. Il se met à faire des gestes que je ne connais pas. Mais indispensables, me semble-t-il, pour rééquilibrer quelque chose. Je ne sais pas quoi. Comme si ces gestes étaient soumis à une autre énergie. Une sorte de connaissance ou intelligence « perceptive » que cet état me permettrait de découvrir. Marc avait l'air inquiet après la cérémonie. Il est parti très vite, après m'avoir demandé de ramener Marie. Bizarre. Jan m'a dit avoir eu des visions. Expérience agréable et douce. Marie a eu envie de pleurer. Valérie avec des yeux plutôt affolés, derrière ses lunettes rectangulaires, m'a dit : « Tu crois que ça pourrait aussi m'arriver un truc pareil ? On en a pourtant vu des bizarreries ensemble, mais alors là... »

Par bizarreries, elle faisait référence à la période où nous travaillions toutes les deux comme téléopératrices de téléphone rose. Elle pour payer ses études et moi pour faire une enquête sur les fantasmes masculins. Je m'en suis inspirée dans un recueil de nouvelles qu'on m'avait commandé sur l'amour libre.

Nos postes étaient côte à côte et pendant les trois mois, décidément très instructifs, de cette étude, nous étions devenues super copines. Sa façon de travailler m'amusait beaucoup. Elle était capable d'exciter à mort le type à l'autre bout du fil, de soupirer, de faire semblant de jouir, tout en potassant ses cours ou en se vernissant les ongles. Pieds et mains ! Aujourd'hui elle est sociologue. Quand je lui ai annoncé ce nouveau statut de chamane et mon intention de m'en servir pour explorer les capacités du cerveau humain elle a fait sans manifester le moindre étonnement cette analyse tout à fait non professionnelle : « Tu étais bien trop intéressée par l'exploration des fantasmes masculins pour en rester là des capacités cérébrales ! »

La plupart de mes autres amis ont dit avoir été plus impressionnés qu'ils ne l'auraient imaginé. Certains avaient l'impression de se réveiller d'un rêve mystérieux et d'autres, l'air attendri et inquiet, ont passé le reste de la soirée à me demander si je me sentais bien. Oui, j'étais en forme ! Je le suis toujours juste après. La fatigue arrive le lendemain.

Je suis toute molle ce matin. Mes muscles pendant la transe font un travail qu'ils n'ont pas l'habitude de faire. Mais je n'ai jamais de courbatures. En tout cas, tout s'est passé exactement comme en Mongolie. Le lieu n'a aucune influence sur mon état. J'éternue. La transe n'a pas guéri mon rhume. Pourtant, Laetitia me l'a fait remarquer, il avait disparu, dans cet état. Pas un seul éternuement. La seule fois où ce phénomène s'est produit, c'était pendant un concert à l'opéra de Nice. Avant d'entrer sur scène, j'avais une super trachéite. Je toussais tout le temps. J'étais un peu inquiète, mais dès l'instant où je me suis installée au piano, tout a disparu. Je n'ai pas toussé une seule fois. Pourquoi ? Je ne sais pas. La concentration peut-être. Mais s'il est possible qu'une toux ou un rhume disparaissent pendant ces moments, il doit aussi être possible de pouvoir les arrêter dans la vie « normale »...

Besoin d'une douche. Froide pour me redonner un peu de tonus. Je file dans ma salle de bains à grands carreaux bleu ciel. J'ouvre le robinet de la baignoire. Je pousse un cri. Vraiment pas humain, les douches froides. Eau sur la tête, sur le corps. Je ferme le robinet et sautille jusqu'à une serviette dans laquelle je m'enroule en claquant des dents. Si au moins ça servait à quelque chose de ne pas mettre de chauffage. Je prends un peigne. J'ai toujours aussi froid et l'impression que mes « graines » de pouvoir, comme dirait Enkhetuya, n'arrivent pas à germer. Démêlage. Remarque, on n'a jamais vu des graines germer dans un froid pareil ! Bon. Séchage intensif. Voilà. J'enlève la serviette. L'image de mon corps nu apparaît dans la grande glace. Mouais. Mes doigts tâtent les bourrelets, s'enfoncent. Soupir. Je grossis systématiquement en Mongolie. Normal, j'ai toujours faim. L'altitude sans doute. Mille sept cents mètres. Et dans les rituels magiques au programme de ma prochaine année, il n'y en a même pas un pour faire maigrir. Pas grave. J'ai passé toute ma jeunesse à éplucher les magazines féminins pour tester des régimes. À vouloir être parfaite dans les yeux des autres. Et résultat ? Maintenant je me transforme en loup. Donc je m'en fous d'être dodue.

J'approche ma tête du miroir. Mes cheveux font des baguettes brunes, désespérément raides autour de mon visage. J'observe les racines. Pas de poux. En Mongolie, j'ai passé des matinées entières à les enlever à Enkhetuya avec ma pince à épiler. Je la lui ai laissée. Je me fais un sourire pour compter les rides autour de ma bouche. Autour de mes yeux. J'ai vieilli. C'est drôle, les rides. Ça vient d'un coup. Mais j'aime bien. Je me trouve plus belle qu'avant. Moins lisse, justement. J'enfile mon peignoir. Coup d'œil à la grosse pendule accrochée au-dessus de la glace, un cadeau de ma grand-mère. Un peu avant sa mort, elle avait arrêté de parler, mais elle passait ses journées à faire le « crrrcrrrrcrrr » de la cigale. Peut-être un souvenir des pinèdes landaises dans lesquelles elle avait passé son enfance. J'adorais l'écouter. Je lui répondais de la même façon et elle avait l'air de me comprendre. On disait qu'elle avait perdu la tête, mais je me demande si elle n'était pas chamane. Et même l'ancêtre chamane dont j'aurais hérité les dons. Enkhetuya m'a dit que j'étais une « deuxième génération ». Driing. Je sursaute. On a sonné ? Qui ça peut bien être ? Direction l'entrée. Merde, le peignoir, je ne peux pas ouvrir en peignoir. Retour dans la salle de bains. J'enfile mon jean et mes pulls. Driiiing. Voilà, voilà ! J'arrange mes cheveux mouillés avec les doigts. J'ai les yeux gonflés encore. Tant pis. J'ouvre la porte. Grimace.

— Marc ? Mais qu'est-ce que tu fais là ?

— Je t'ai laissé un message tout à l'heure sur ton portable, tu n'as pas répondu...

— Je ne l'ai pas encore consulté...

— Je devais vraiment te dire un truc avant de partir chez mon frère à Abondance...

Il s'arrête de parler, comme s'il avait soudain remarqué mon air en pétard.

— Je te dérange... Pardon... Je n'aurais pas dû venir...

Son regard me gêne. Je m'imagine avec mes yeux bouffis et mes cheveux en queues de rat mouillées...

— Mais si, tu as bien fait. Entre, tu veux un café ?

— Non, non, je ne vais pas te déranger longtemps...

Il a l'air ému. Sa voix est encore plus aiguë qu'hier.

— Tu es sûr ?

— Oui. Oui...

Nous restons debout face à face dans l'entrée.

— Il paraît que je t'ai attaqué hier soir ? Pourquoi tu es parti si vite ?

— C'est justement ce dont je voulais te parler...

Marc baisse la tête. Puis la relève en me regardant bien droit dans les yeux.

— Je n'ai pas osé te le dire hier, mais ma motivation...

— La « personnelle » pour laquelle tu t'intéresses au chamanisme ?

— Oui... Marie n'est pas au courant... J'ai un... un cancer du poumon. Une petite tache pour l'instant. On va m'opérer. C'est pour ça que je pars à la montagne. Besoin de me reposer avant l'opération. Mais hier, quand je t'ai vue venir vers moi pendant ta transe, j'ai pensé que tu avais, comment dire, senti ce cancer, ou une mauvaise énergie, je ne sais pas... J'ai vraiment besoin de... Enfin... Tu pourrais pas faire quelque chose ?

59

Je ferme les yeux, pour chasser les souvenirs. Ils resurgissent là, du plus profond de ma conscience. Putain de maladie. Marc maintenant. Comme toi. Un jour aussi tu m'as dit : « Peut-être qu'un chamane pourrait m'aider. » J'ai répondu que je n'en connaissais pas. Et j'ai appris plus tard. Trop tard. Que tu en avais une juste à côté de toi. Restée impuissante. Inutile. Par ignorance de ce qu'elle était. Des larmes envahissent mes yeux. Je mets un index sur le bord de mes paupières pour les écraser. Pas le moment de m'apitoyer sur mon sort. Marc me regarde. Impossible de parler. Les images, les pensées affluent. C'est aussi pour cautériser ma conscience que j'ai accepté de suivre l'enseignement d'Enkhetuya. J'avais besoin de savoir. Oui. D'avoir la preuve que ces pouvoirs n'auraient pas pu t'aider. Mais je n'ai toujours pas cette preuve. Ou pas le courage d'aller la chercher. Marc me regarde toujours. Il attend.

— Enkhetuya m'a recommandé de ne pas faire de cérémonie pour des gens trop « difficiles ». Pas avant quelques années en tout cas, le temps que j'aie appris à me protéger...

— Mais hier, tu as déjà un peu travaillé sur moi, non ?

— Sans doute un hasard ! Je suis un peu comme un apprenti sorcier tu sais, je ne contrôle pas du tout ce que je fais pendant les cérémonies, alors comment savoir si... Tu imagines, si ça aggravait ton état ?

— Mais si j'accepte de prendre le risque ?

— Tu vois, tu parles de risque ! Non. Je ne peux pas faire ça. Comprends-moi !

— Mais tu disais que le rôle des chamanes était de réparer l'âme. Peut-être tu pourrais faire un truc pour la mienne !

Ma tête fait non. Non. Je ne supporte pas de voir

cette lueur d'espoir dans les yeux de Marc. Et la phrase sort. Jetée comme un bouclier devant moi :

— C'est non ! De toute façon, je n'ai même pas fini ma « formation » auprès d'Enkhetuya... Je ne peux vraiment rien faire...

Il baisse la tête. La lueur d'espoir se transforme en déception. Le temps que ce geste remplisse mes yeux de larmes, il a déjà tourné les talons, ouvert la porte et disparu dans le couloir sans la refermer. J'entends le son de ses pas disparaître dans le silence de l'immeuble. J'entends sa voix résonner dans mes oreilles. Plus aiguë que jamais. J'aimerais tellement pouvoir l'accorder. La bousculer pour l'obliger à libérer la force que je ressentais en elle, avant. Mais je ne sers à rien. Voilà la vérité. Je ferme la porte. Inspiration. Où est mon portable ? Dans mon bureau. Bon. Code pin. J'attends. L'annonce du message vocal apparaît. Composer le numéro du répondeur. Écouter. Effacer. Fermer le clapet. C'était bien Marc. Je glisse le portable dans la poche arrière de mon jean tout en me dirigeant vers la cuisine. Je dois voir mon basilic. Ça me fait du bien quand j'ai peur.

Peut-être une réminiscence de mon expérience en Amazonie. Là-bas, Francisco le chamane m'avait appris des chansons magiques appelées *Icaros*, pour entrer en contact avec certaines plantes censées transmettre aux humains la connaissance des rêves, des bruits et de tout ce dont ils ont besoin pour accéder au monde des esprits. Au début je trouvais ces chansons ridicules. Et moi en train de les chanter encore plus. Pourtant. C'est bien un rêve, fait après avoir chanté son *Icaro* à l'*ajosacha*, la plante « enseignant » leur interprétation, qui m'a conduite en Mongolie...

Francisco ne connaît pas le basilic, mais j'ai l'impression en regardant le mien qu'il m'apporte une certaine sérénité. J'ai inventé un *Icaro* pour lui. Je le lui chante quand je vais mal. *Bonjour basilic / Aujourd'hui il y a un hic / S'il te plaît / enseigne-moi la paix.* Rythme ternaire. Je chante. Je vois le regard de Marc sous ses longs cils noirs. Je ne suis pas capable. Non. Pas assez forte encore pour assumer cette responsabilité. Je touche ses feuilles rabougries, c'est l'hiver. Enkhetuya le peut, elle. Je ne sais pas pourquoi. La réponse est-elle dans ma façon d'aborder ce « métier » ? Tu veux un peu d'eau ? Il m'envoie un effluve de son parfum. Inspiration. Je ne l'envisage pas comme un métier justement. Mais comme une expérience. Et si je me fous d'y risquer ma peau ou ma raison, je ne me fous pas de risquer celles des autres.

Geste n° 5

28 février. Pigalle. Je monte les escaliers de la bouche de métro. Un vent glacé fait voler mes cheveux sur mes yeux. Je m'arrête pour essayer de remettre les mèches en place. Un type me bouscule. Il ne s'excuse même pas. Il râle. « Faut pas vous arrêter en plein milieu des escaliers, madame ! » M'énerve, lui. Mais le temps de répondre, il a déjà disparu. Bon. Respirer. Souffler. Oublier. Voilà. Après tout, ma vie est belle. Je viens de déjeuner à Montparnasse avec Claire, mon éditrice, pour discuter du texte que je suis en train d'écrire sur mon dernier voyage en Mongolie. Je lui en ai envoyé cinquante pages par mail la semaine dernière. Toujours inquiète avant d'avoir son avis. Mais tout va bien, je dois lui rendre l'intégralité en juin. Je n'ai pas pu m'empêcher de lui parler de ce que j'avais sur le cœur. De Marc. De ma responsabilité vis-à-vis de ce statut de chamane. Pour l'instant je peux encore m'en tirer en prétextant devoir terminer ma formation. Mais après ? Quand elle sera vraiment finie ? Soupir.

J'ai appelé Marc après son opération. Tout s'est bien passé. Il va avoir droit à une chimio pour nettoyer ce que le chirurgien n'aurait pas enlevé. Il devrait guérir. Je traverse la place Pigalle. Les marteaux-piqueurs sont en train de défoncer l'esplanade du boulevard de Clichy. La mairie rénove le quartier. Je me bouche les oreilles jusqu'à l'entrée de mon immeuble.

Clef dans la porte. Me voilà enfin dans ma bulle. La vie est stressante à Paris. Mais je m'y sens bien finalement. Pouvoir aller au théâtre, voir des expos, assister à des tas de concerts, me nourrir d'émotions nouvelles, boire un café au comptoir d'un bar, écouter les conversations, marcher au milieu d'une foule de gens qui ne font jamais attention à moi, ressentir les vibrations du métro sous mes pieds, comme on ressentirait la circulation du sang dans un corps et au fil de mes rencontres avec les plaques apposées sur les immeubles, *Ici vivait Degas, Ici sont tombés des résistants*, faire résonner mes empreintes de pas en ayant l'impression qu'elles vont réveiller, juste un instant, celles de la grande histoire. Dont soudain je fais partie. Je m'écroule par terre sur le tapis du salon. Il n'y a pas de canapé, juste des coussins et des poufs de part et d'autre d'une table basse à roulettes. Rien de fixe dans ma déco. Tout doit bouger. Vivre. Danser autour de moi pour m'empêcher d'être fixe. D'ailleurs, quand on me demande comment j'arrive si bien à faire ce grand écart entre la vie en Mongolie et ici, à Paris, je réponds en riant qu'à Oulan-Bator je peux acheter un cachemire pour cinquante dollars, mais la véritable raison est mon impossibilité à rester fixe. Bouger, explorer, ressentir, forger dans mes sens ma propre opinion du monde est mon véritable moteur.

En Mongolie par exemple, j'ai découvert que mes rêves d'Occidentale, ma notion de réussite sociale n'intéressaient absolument pas Enkhetuya. Mon projet notamment, de réussir à terminer puis à vendre mon album d'ethnotranse, une musique à base de rythmes ou chants chamaniques récoltés un peu partout dans le monde, au fil de mes rencontres. Elle a raison. Que vaut cette « réussite » face à elle ou Doudgi, son mari, dont la seule réussite possible est de rester en vie, pour protéger leur famille des tempêtes, du froid, du manque de nourriture et des loups ?

Du coup, je regarde mes rêves avec, comment dire, avec plus de distance. Et ils me font moins peur qu'avant. Comme si le fait de les avoir vus au travers du regard d'Enkhetuya avait soudain minimisé leur importance. Cette relativisation m'a permis de mieux m'adapter à n'importe quelle situation, d'apprécier aussi beaucoup plus qu'avant les avantages de chacune. Et de me sentir, malgré les fluctuations d'une période d'adaptation, de me sentir bien partout.

Je vais me servir un verre d'eau. Dix pas pour rejoindre la cuisine. J'ouvre le robinet. Sourire. Voilà un autre avantage de la ville. Pas de corvée d'eau ici. J'en donne un peu à mon basilic, il fait la gueule. Coup d'œil à ma montre. Pas le temps de te chanter un truc, mon vieux, j'ai rendez-vous avec une ethnopsychiatre dans dix minutes.

J'ai rencontré Anne dans les locaux de l'hôpital psychiatrique dont m'avait parlé Marie. J'ai finalement accepté d'y faire une cérémonie. C'était plutôt drôle d'ailleurs. Pour une fois je ne me suis pas sentie trop « décalée ». Les deux artistes locataires avaient exposé, sur les murs blancs d'un immense espace autrefois dédié à la blanchisserie, de grandes toiles sortant tout droit d'une ferme. Certaines avaient été étalées sur le sol de la porcherie, de l'étable. D'autres sur celui du poulailler. Ils les y avaient laissées pendant des mois, allant régulièrement voir leur évolution et les avaient retirées quand le travail fait par les pas des animaux, leurs déjections et le passage du temps leur avait semblé accompli.

Je les ai trouvées très belles. Très harmonieuses. Et émouvantes, de représenter la trace des saisons, de la vie de ces animaux. J'ai imaginé en mettre une chez moi. La toile de mes déplacements, pieds nus ou avec des chaussures, de mes visites au frigo, des sorties de douche, de mon lit, des réponses au téléphone, des visites de mes amis, de ma vie, ainsi inscrits, serait-elle à ce point harmonieuse ?

Ce travail sur la marque du temps m'intéressait d'autant plus que, pour moi, l'état de transe est une façon d'y d'échapper. D'en perdre la notion. La cérémonie peut durer deux heures, une heure, trois heures. Je suis toujours incapable, en revenant à moi, d'en donner un décompte.

Il ne s'est rien passé de particulier pendant la cérémonie. Je n'ai pas eu plus ou moins de visions. J'ai fait mon tour de tambour. Je suis « revenue » assez facilement. Et puis une femme longiligne, environ mon âge, cheveux blonds courts en bataille, nez aquilin, est venue me parler. Elle avait un air distant. Pas de supériorité. Non. Plutôt distant comme une femme à qui la vie aurait fait mal et qui voudrait s'en faire oublier. Un peu comme moi finalement. Je lui ai dit bonjour. Un sourire incroyablement doux a illuminé son visage. Avec quelque chose d'une hésitation dessiné très discrètement sur le coin gauche de sa bouche. Ou d'une douleur.

— Tenez, c'est mon téléphone. Appelez-moi, je suis ethnopsychiatre...

Ma bouche a fait une moue. Je n'ai pas pris le papier qu'elle me tendait.

— Vous pensez que j'ai besoin d'un psychiatre ?

Elle a éclaté de rire.

— Mais non ! Je suis ethnopsychiatre. Pas psychiatre. J'étudie les désordres psychiques conséquents à une appartenance à un groupe ethnique. Je travaille plus particulièrement sur l'aspect psychologique des rituels tribaux. Lorsqu'un individu est exposé à une situation hors de son contrôle, comme la mort, la maladie, une catastrophe naturelle, il utilise un stratagème de défense appelé « illusion de contrôle ». Ce mécanisme consiste à se persuader qu'il dispose d'un pouvoir sur son environnement, susceptible de lui permettre d'éviter d'être exposé à cet événement. Certains rituels en ce sens pourraient être une application de ce mécanisme de défense.

Cette analyse m'a tout de suite ramenée aux rituels que j'allais devoir apprendre avec Enkhetuya. Celui pour se protéger des mauvais sorts, pour éloigner les maladies, les problèmes. Étaient-ils aussi des mécanismes de défense ?

— En tout cas j'aimerais bien vous revoir pour parler de votre expérience et de ce que j'ai vu ce soir...

J'ai regardé ses yeux. Cherché un jugement, de la suspicion. Mais je n'ai rien trouvé de tout cela. Juste de l'intérêt.

— Ce que vous vivez n'a rien d'anormal, je pourrais vous le démontrer, vous semblez avoir un sérieux besoin d'être rassurée sur ce point !

J'ai souri. Elle aussi. Et nous avons discuté une grande partie de la soirée. Je lui ai expliqué mon parcours en repassant par la case départ. L'amour, toi, la mort, l'Amazonie, la Mongolie. Elle le sien. Elle revenait juste de deux mois au Burkina Faso où j'avais été élevée, pour y étudier le mythe de la création et les danses des masques de feuilles d'une tribu bobo. Je connaissais très bien les Bobos. J'avais même adoré leur plat favori, les chenilles de karité. Comme moi elle en avait mangé. Comme moi elle trouvait qu'elles avaient un petit goût de noisette pas désagréable.

Nous avons décidé de nous retrouver le vendredi suivant au Village, un café de la rue des Abbesses dans lequel je vais souvent écrire. Son espace immuable de café parisien me calme. Me fondre dans le brouhaha des conversations, dans l'odeur du café fraîchement moulu, de la fumée de cigarette, dans le son du percolateur, des quotidiens impossibles à plier m'aide, un peu à l'image d'un shoot d'encre sympathique, à révéler les mots le mieux adaptés à mes sensations.

16 h 10. J'entre dans le bar. Regard circulaire. Un signe de main, là-bas. Anne ? Veste en cuir noir, cheveux blonds en bataille. Oui. Je la rejoins. Elle m'invite à m'asseoir. Je choisis la chaise en face d'elle.

— Tu es là depuis longtemps ?

— Non, non, je viens d'arriver. J'allais commander, tu veux quoi ?

— Un thé rondelle.

Elle fait signe à la serveuse.

— Chérie ! Qu'est-ce que tu fais là ?

Je tourne la tête. Merde. C'est Agnès, surnommée très justement par Marie « le Cheveu sur la soupe ». Elle ne le fait sans doute pas exprès mais, effectivement, elle tombe toujours mal. Je me lève. Qu'est-ce que je vais lui raconter ? je n'ai pas répondu à ses messages. Parée d'un sourire plein de dents, manteau noir flottant derrière elle et bottes à super hauts talons, elle s'approche de la table pour m'embrasser, puis s'arrête brusquement.

— Anne ? C'est dingue, c'est bien toi ?

Je me tourne vers Anne, surprise.

— Vous vous connaissez ?

Leurs regards se croisent. Oui, elles se connaissent. Anne n'a d'ailleurs pas l'air enthousiaste. Agnès lui demande comment elle va. Elle répond « Bien » sans lui retourner la question. Agnès se tourne alors vers moi pour continuer son interrogatoire.

— Je t'ai laissé un message hier, tu l'as eu ?

68

— Je ne m'en souviens pas, mais c'est sans doute mon téléphone, je l'ai dressé à ne transmettre que les bonnes nouvelles...

Elle éclate d'un rire haut perché.

— Très drôle ! Mais il a mal fait son travail, ce n'était pas une mauvaise nouvelle. Je suis juste sur le point d'engager un DRH pour l'une des agences de pub du groupe et j'hésite entre deux candidats...

— Entre deux physiques, tu veux dire ?

— T'es conne, je ne me les tape pas tous ! Non, c'est sérieux, mon boss m'a mis la pression, je dois choisir le plus performant...

Je fais une moue, je me doute de la suite.

— J'ai absolument besoin de ton avis, ma chérie. Marie m'a dit que tu avais le pouvoir de... enfin... que tu pouvais « ressentir » les gens, c'est bien ce que tu lui as dit, n'est-ce pas ?

Je lève les yeux au ciel. Je ne dois vraiment plus rien dire à Marie, elle ne peut pas s'empêcher de tout répéter. Agnès continue :

— Tu pourrais peut-être venir à ce prochain entretien, pour me dire lequel des deux a, disons, la meilleure énergie ?

Et voilà. J'en étais sûre. Comme si ma nouvelle étiquette de chamane, en un coup de baguette magique, m'avait soudain donné le pouvoir de résoudre tous les problèmes. J'ai déjà du mal avec les miens...

— Tu es aussi capable que moi de savoir lequel engager...

— Ah, mais non, toi tu as reçu un enseignement de chamane !

— Et alors ! Vous m'énervez tous, à croire que je peux vous aider. Je n'ai pas changé, moi, je suis toujours la même derrière l'étiquette !

La serveuse arrive pour prendre la commande. Je demande à Agnès si elle veut boire quelque chose.

— Non, non, j'ai rendez-vous...

Elle regarde l'entrée du bar.

— D'ailleurs il arrive...

Un type genre super à l'aise, veste en velours noir, T-shirt Tough d'Atypyk, celui que j'ai repéré chez Colette, Spring Court blanches, casque rose sous le bras, se dirige vers elle. Elle se tourne vers nous et chuchote...

— C'est Charles-André, mon *life coach*, il est mignon, vous trouvez pas ?

— Ton quoi ?

— Mon *life coach* ! Il faut vous réinitialiser, les filles, même Tony Blair en a un. Tu vois, moi je suis considérée dans mon entreprise comme une *high po*, mais que veut dire avoir un haut potentiel si on ne travaille pas à le développer ? Donc Charles-André est là pour ça. ¿ *Comprendes* ?

Anne hausse les épaules.

— Bon, alors tu es sûre, tu ne veux pas venir à cet entretien ?

Ma tête fait non.

— Dommage... Eh bien, je vous laisse. Je te rappelle, chérie. Salut, Anne !

Anne ne la regarde même pas. Elle fixe une bague autour de son majeur gauche. Une boule d'argent au milieu d'un anneau plat en bois presque noir. Une bague énorme que je n'avais pourtant pas remarquée...

— C'est quelle essence de bois, là, autour de l'argent ?

Anne sursaute. Sa main droite vient immédiatement se poser sur la bague, comme pour la protéger.

— De l'ébène...

— Elle est belle...

Elle ne répond pas. J'enchaîne :

— Tu connais Agnès depuis longtemps ?

Elle fait un geste agacé de la main, comme pour effacer une tache.

— De l'histoire ancienne...

La serveuse dépose les deux thés devant nous. Anne remplit sa tasse. Ne sucre pas. Boit une gorgée. J'attends que le mien refroidisse. Puis elle se cale en soupirant au fond de sa chaise.

— Que veut dire Agnès à propos de l'énergie des gens, tu peux vraiment la ressentir ?

Je lui explique mon aventure au Bon Marché, la dame, la vibration, le métro, le « port infrarouge ». Elle n'a pas l'air étonnée. Décidément, rien ne l'étonne jamais.

— Et tu n'as plus essayé de développer cette perception ?

— Je ne sais pas comment interpréter ces informations. C'est comme si on te demandait soudain de traduire du mongol. D'accord, tu peux entendre le son de la langue, mais de là à comprendre les mots...

Je bois une gorgée de thé. Elle me regarde. L'air de réfléchir.

— Mais dis-moi, ton « port infrarouge »...

— Oui ?

— On fait l'expérience ? Ça m'intéresse de savoir quelle est ma carte de visite vibratoire...

— Là, maintenant ?

— Oui...

J'hésite un moment. Je regarde autour de nous si des gens m'observent. Non. Ma main droite fait faire un quart de tour à la tasse de thé. Après tout je ne risque rien.

— Bon, si tu veux. Mais je dois d'abord me concentrer.

Je ferme les yeux. J'attends. Voilà. La vibration arrive. Ample. Un peu comme une vague d'océan par temps calme. Ronde et pleine. Je la décris à Anne. Je lui dis aussi que je ressens une couleur.

— Une couleur ? Mais c'est de la haute technologie, ton truc ! Si ça continue, les experts de la police scientifique vont t'engager...

— C'est ça, je vois les titres dans les journaux : « La nouvelle arme secrète de la police : une jeune femme se transforme en loup pour renifler les suspects et trouver leur couleur... »

Anne éclate de rire. Je hausse les épaules...

— Tu veux connaître ta couleur ou continuer de te foutre de moi ?

— Ah oui, certainement !

— Orange... Je te ressens orange...

— C'est joli... Mais... c'est bien ou pas ?

— Aucune idée...

— Et les autres, ils sont de quelle couleur ?

— Bleus, le plus souvent...

Anne hoche la tête lentement. L'air toujours hilare. Je lui demande ce qu'elle a pensé de ma transformation de l'autre soir.

— C'était manifestement un état modifié de conscience. Cet état permettrait d'explorer une réalité différente de la réalité ordinaire...

— Une réalité différente ? Tu veux dire... Tout ce que je vois ou ressens dans cet état est une réalité ?

— D'après certaines études, notre état de conscience ordinaire ne pourrait capter que certaines parties de notre environnement. Par exemple, tu n'entends pas ce que l'oreille d'un chien peut percevoir, tu ne vois pas les ultraviolets ou les infrarouges. Il y a donc plein d'éléments du réel que nous ne percevons pas dans l'état de conscience ordinaire. Les états modifiés de conscience, les EMC, permettraient donc de percevoir d'autres « parties » de l'ensemble. Un peu comme si tu observais Paris des différents étages de la tour Eiffel. Est-ce que tu vois la même chose du troisième étage de la tour que du premier ?

— Pas exactement, non.

— Pourtant tout ce que tu vois de chaque étage est réel ! Simplement, tu le vois différemment parce que l'angle de vue a changé.

— Et le son du tambour serait « l'ascenseur » pour me faire accéder aux différents étages ?

— Exactement. À chaque étage tu vas découvrir et vivre un autre rapport au monde, à ton corps, à ton identité...

Silence. J'avance sur ma chaise pour poser mes coudes sur la table. Mon annulaire droit se met à caresser mes sourcils. Signe d'une intense réflexion. Anne se sert une autre tasse de thé.

— Tu as vécu d'autres EMC avant tes expériences chamaniques ?

Je lui raconte mon expérience à sept ans chez les Mossis pendant la cérémonie funèbre. Et la « sortie » de mon corps quand j'avais accompagné le violoncelliste.

— C'étaient des EMC, tu crois ?

— Ça y ressemble, oui...

— Des recherches ont été faites en Occident sur la façon de les provoquer ?

— Bien sûr. Les vibrations sonores en sont justement l'un des principaux éléments déclenchants. Mais on peut également les induire par la méditation, la danse rotative, les balancements, la fixation du regard sur un objet ou une flamme, la pression sur les globes oculaires, la révulsion des yeux, certains exercices de respi-

73

ration, de yoga, de sophrologie, le jeûne, un stress violent...

— Et la prise d'*ayahuasca*, comme je l'ai fait en Amazonie ?

— Oui. Ou d'iboga, de peyotl et autres produits psychoactifs. Mais leur absorption, même sous un contrôle très strict, représente un danger évident...

Anne se met à sourire, l'air de penser à un truc drôle. J'attends. Intriguée.

— Il a aussi un moyen beaucoup plus *safe* et plus... agréable...

Je fronce les sourcils, à la recherche de ce mystérieux moyen d'induire un EMC.

— C'est un moyen que je connais ?

Son sourire s'étire vers ses oreilles.

— La seule contrainte est d'au moins être deux !

— Deux ?

Je caresse mes sourcils. Je ne trouve pas. Anne vient enfin à mon secours.

— C'est l'orgasme !

Ma mâchoire tombe un peu. Un peu trop. Elle éclate de rire. Je recule dans ma chaise.

— Tu te moques de moi, c'est ça ?

Anne ne rit plus.

— Non, non, c'est très sérieux !

Moue suspicieuse.

— Personne ne m'en a jamais parlé... Ça t'est déjà arrivé à toi, un EMC après un orgasme ?

— Non, mais ça pourrait t'arriver plus facilement qu'à moi. Plus tu vas pratiquer le tambour chamanique plus tu seras « sensible »...

Je fronce mes sourcils, déjà hérissés par les caresses de mes réflexions.

— Tu veux dire qu'avec mon entraînement, la moindre stimulation peut risquer de me faire basculer dans un EMC ?

— C'est probable...

— Oui, eh bien ne me porte pas la poisse !

Je baisse la tête. Terrifiée à l'idée de ma honte face à un amant si un tel truc arrivait. Un éclat de rire me fait relever la tête.

— Ton travail est d'apprendre à les contrôler...

— Les orgasmes ?

— Mais non, les EMC !

— Je voudrais bien t'y voir !

J'attrape ma tasse. Vide. Je la repose. Avec ma petite cuiller j'écrase la tranche de citron au fond. Je bois le jus. Maintenant je comprends mieux les conseils d'Enkhetuya. Elle n'arrêtait pas de me dire : « Tu dois apprendre à écouter un tambour sans entrer en transe. » Ça a dû lui arriver pour qu'elle me prévienne à ce point !

— En tout cas, tout ça ne me dit pas pourquoi, maintenant, je suis chamane...

— J'ai parlé de ton expérience à un copain psychiatre...

Je sens mes muscles se raidir.

— Récemment une jeune femme est venue le consulter. Elle avait des sortes de visions. Elle était inquiète. Bref, après quelques séances, il a découvert que ces visions étaient apparues peu après avoir assisté à une scène très violente. Il a émis l'hypothèse que le choc psychologique produit par la violence de cette scène avait dû provoquer un EMC dont elle n'avait pas le souvenir, mais qui aurait pu « ouvrir » une porte sur de nouvelles perceptions comme ses visions...

— Ouvrir une porte ? Mais quel rapport avec moi ?

— Je me demande si, à l'origine de ce qui t'arrive, il n'y a pas un choc de ce genre...

— Un choc ?

— Un élément déclencheur qui aurait pu « ouvrir » en toi cet accès aux états modifiés de conscience et expliquer pourquoi tu es chamane...

Je mets mes coudes sur la table, pose la tête sur mes poings. Oui. Il y a bien un élément. Mais comment savoir s'il peut justifier tout ça ? À l'âge de onze mois, à Ouagadougou, j'ai fait une réaction allergique à un vaccin contre la variole. Un œdème pulmonaire aigu. Les médecins n'ont rien pu faire. Arrêt cardiaque, encéphalogramme plat, tous les signes de la mort clinique étaient là. Mais, contre toute attente, je suis « revenue ». Oui. J'en fais le récit à Anne.

— Eh bien voilà ! En fait, tu n'étais pas décédée mais « presque ». Tu as sans doute vécu une expérience de mort imminente. Un état mis en évidence en 1975 sous la dénomination de NDE, *Near Death Experience*...

— J'en ai entendu parler, et alors ?

— C'est très intéressant parce que les NDE sont considérées aujourd'hui, par de plus en plus de psychiatres, comme un EMC ultime, situé au plus haut degré de la pyramide des EMC.

— Mais en quoi cela peut-il expliquer mon état de chamane ?

— Ta NDE aurait provoqué en toi l'ouverture à certaines perceptions...

— Comme le stress l'aurait fait chez ta patiente ?

Anne confirme. Bon. Pourquoi pas ? J'ouvre le couvercle de ma théière pour voir s'il reste de l'eau chaude. Oui. Je la verse dans ma tasse après en avoir proposé à Anne. Elle n'en veut plus.

— Que pense Enkhetuya de ta « double » vie entre Paris et la Mongolie ?

— Pour elle, les mélanges sont salutaires. Mon éducation occidentale pourrait même apporter au chamanisme des connaissances qu'il n'a pas encore intégrées. Et à ce titre je représenterais le premier spécimen de ce que devraient être les chamanes du futur...

— Tu veux dire des chamanes qui roulent en Smart ?

— Et adorent les fringues, oui !

Je prends ma tasse de thé en souriant.

— Comment reconnaît-on un chamane en Mongolie ?

— Soit par hérédité, soit parce qu'une personne a une soudaine accumulation de problèmes, genre du bétail décimé, le décès de membres de sa famille, ou si après un « choc » elle se met à avoir des accès de démence, des pertes de connaissance, des crises d'épilepsie...

— Mais beaucoup de gens ont de tels ennuis ! Alors tout le monde, ou presque, serait chamane ?

Je bois une gorgée de thé. Il est froid.

— Voilà le hic. Tous ces événements sont effectivement interprétés en Mongolie comme un avertissement des esprits, une mise en garde devant conduire les « victimes » à comprendre qu'elles sont chamanes. Mais avoir ce type de troubles ne veut pas non plus forcément dire qu'on est chamane...

— Comment on peut le savoir alors ?

— En Mongolie c'est facile, les personnes « visées » vont voir un chamane, qui interroge les esprits pour savoir si, oui ou non, elles sont chamanes.

— Et à Paris, si on t'envoyait des personnes souffrant de ce type de troubles, tu serais capable de faire la même chose pour savoir si certaines d'entre elles sont chamanes ?

— Ben non, il faudrait déjà que les esprits me parlent !

— Et en admettant que tu puisses « former » au chamanisme celles qui le sont, il se passerait quoi ?

— Les chamanes affirment que leurs problèmes dis-paraîtraient...

— Les tiens ont disparu ?

— Eh bien... C'est peut-être étrange mais, depuis que j'ai accepté cette formation, ma vie tourne, comment dire, bien mieux qu'avant, oui !

Anne sourit.

— Il est quand même très intéressant de constater à quel point cette interprétation chamanique du « problème » est, d'une certaine façon, applicable à la majorité des cas cliniques traités en psychiatrie.

— Comment ça ?

— On a pu observer que certains types de problèmes, surtout d'ordre psychosomatique, étaient générés par une inadéquation entre ce que nous sommes et le regard que nous voulons avoir sur nous...

— Sur nous ?

— Oui, si tu préfères, entre ce que nous sommes et l'image que nous voulons donner aux autres...

— Quel rapport avec les chamanes ?

— Eh bien, les problèmes générés par cette inadéquation seraient, comme dans le cas du « chamane qui s'ignore », une espèce de warning nous signalant que nous ne vivons pas notre véritable personnalité mais une autre, plus en conformité avec le moule imposé par la société...

Anne passe une main sur son visage. Elle reste silencieuse un moment. Je termine ma tasse de thé.

— Tu vas retourner en Mongolie cette année ?

— Oui. Pour apprendre tous les rituels chamaniques...

— Lesquels ?

— Comment faire sortir de l'eau du sol, enlever un mauvais sort, nettoyer un endroit d'une mauvaise énergie, apporter la chance, l'argent, l'amour, aider à faire un deuil...

Anne fronce les sourcils.

— Un rituel de deuil ?

J'opine. Elle soupire doucement. Puis me parle d'une coiffe du Burkina Faso en forme d'antilope avec des graines incrustées sur de la peinture bleue, utilisée pour disperser les esprits ancestraux après le temps de deuil.

— Pourquoi tu me parles de ça ?

Sans répondre elle fait tourner sa bague. Puis me regarde.

— Je dois m'en aller maintenant...

Elle se lève. J'ai juste le temps de la remercier pour ses explications et de lui proposer de reprendre cette discussion le plus vite possible. C'est la première fois qu'une mise en discours de cette expérience me rassure un peu sur ce que je vis. Elle sourit, me dit de l'appeler et tourne les talons. Je la regarde se faufiler entre les tables. Elle est grande. Sa démarche donne l'impression d'une sorte de détachement entre le haut du corps et le bas. Comme si sa tête, pour mieux réfléchir, avait donné l'ordre à ses jambes de bien vouloir se frayer un chemin toutes seules. Elle longe le comptoir. Mes yeux ne peuvent plus la voir maintenant. Je reste assise un moment. Le temps de me demander si l'un de mes propos aurait pu déclencher ce départ précipité. Je lui ai juste demandé pourquoi elle me parlait de cette coiffe. Pas de quoi déguerpir. Bon. Je fais un signe à la serveuse pour régler les consommations.

C'est déjà réglé.

Geste n° 6

6 mai. Bougie allumée. Ordinateur en place. Doigts sur le clavier. Casque sur les oreilles. Je suis prête. J'écoute toujours de la musique en écrivant. Où j'en étais déjà ? Ah voilà. Le moment où j'aide la mère d'Enkhetuya à coudre mon costume de chamane. Elle aussi est chamane. Mais « chamane à pied ». Elle travaille à la guimbarde uniquement. C'est le premier niveau. Le second étant le « chamane à cheval », celui qui travaille au tambour. Je l'aime bien, Altangerel. Avec son chignon blanc et sa voix de Donald. J'allume un havane. Épicure n° 2 ce matin. J'aime les gros modules. Serge, un copain, dont l'amie est cubaine, m'en rapporte régulièrement. Je ne pourrais pas me les offrir sinon. Et je n'en fume qu'en travaillant.

Allumette armée. J'enflamme le bout de son nez. Il libère les premiers arômes de sous-bois et de noisette. J'inspire. Et je lance « Sublime », un titre du dernier album de Terranova. C'est l'ambiance dont j'ai besoin pour commencer à écrire ce passage. Trois, deux, un... *Fact is / Beauty is sublime / Sublime is in the beauty and the beauty's in the mind.* Mes doigts tapent, mon corps se trémousse. C'est parti pour cinq heures d'écriture...

14 h 35. Je relève la tête. J'étire mon dos en bâillant. J'enlève le casque. Besoin d'une pause. Thé au jasmin ? Oui. J'ai un peu de mal à marcher. La fatigue due à la concentration, sans doute. Je n'ai pas fait attention. Je l'ai laissée m'envahir. Un rayon de soleil m'accueille dans la cuisine. Le premier de la journée. J'ouvre la fenêtre pour me frotter à lui. Entrer en contact avec ce qui m'entoure fait partie de mon entraînement chamanique « antifatigue ».

Il a commencé un jour de neige dans le tipi d'Enkhetuya. Une bouillie de farine et de gras de chèvre glougloutait lentement sur le poêle. Une fourchette déjà en main, je lui disais que j'avais faim et froid et que j'étais fatiguée et comment elle faisait elle pour ne pas l'être et gnagnagnagna. Sans compatir à mon mal-être, elle a allumé une cigarette. Lentement en a aspiré une bouffée. Son visage a exprimé la joie de cet instant. Puis elle a posé la cigarette sur le rebord de la pierre devant le poêle et m'a demandé si, une seule fois dans ma vie, j'avais pris le temps d'écouter ce que me disait ma fourchette. Je l'ai regardée, étonnée par cette question qui me semblait n'avoir aucun rapport avec ma fatigue. Mais elle est restée silencieuse. Alors j'ai regardé la fourchette, coincée entre mon pouce et mon majeur. Pour une fois j'ai senti le métal. Sa texture. Sa douceur. Et j'ai réalisé que c'était vrai. Je n'avais jamais pris ce temps d'entrer en « contact » avec elle. Mes doigts ne transmettaient pas les infos à mon cerveau. La fourchette était muette.

J'ai alors pensé à la façon dont je prenais mes repas à Paris, en lisant ou en regardant mes séries préférées, *Six feet under*, *24 h chrono*. À la façon dont je marchais dans les rues, dont je conduisais, en écoutant mon iPod ou des cours de mongol. À la façon dont certaines de mes copines pratiquaient leurs cours de fitness, en téléphonant ou en répondant à leurs mails. Comme elles, j'étais contaminée par la nécessité d'accumuler les infos pour ne pas avoir l'impression de « perdre » mon temps. Enkhetuya avait raison. À force de faire plusieurs choses à la fois, je ne prenais jamais le temps d'écouter ce que chacune me disait. « C'est pour ça que tu es fatiguée. Dans ton agitation, tu ne peux pas voir que tout ce qui t'entoure, les couleurs, les odeurs, les goûts, les textures, t'offre une énergie inépuisable. Mais, pour les recevoir, tu dois d'abord apprendre à leur donner ton attention... »

Et j'ai compris soudain pourquoi ses gestes à elle me semblaient posés, profonds, enracinés. Uniques. En les faisant, en les pensant, en les écoutant les uns après les autres, elle pouvait en capter toutes les énergies. Toute l'histoire. Du coup ils m'apaisaient. Comme elle d'ailleurs. Elle me faisait l'effet d'une ancre. Solide. Présente. Que rien ne pouvait dévier de sa place et auprès de laquelle rien ne pouvait m'arriver. Elle représentait la véritable qualité de l'être vivant. Être connecté. Pas agité.

Le visage tourné vers le soleil, ma peau avale la faible chaleur des rayons. Elle en capte l'énergie. Je l'inspire aussi fort qu'un air vivifiant. Une circulation s'établit entre elle et moi. Je prends. Je donne. Je suis vivante. Je me sens mieux. L'exercice paraît simple. Mais j'ai beaucoup de mal à le faire, même une fois par jour. J'oublie. J'oublie de redonner à mes sens leur fonction de connexion avec ce qui m'entoure. Leur fonction de pont « entre » l'intérieur et l'extérieur de ma bulle. Celle qui me permettra d'échapper à moi-même. De créer la faille. L'ouverture sur l'autre connaissance. C'est vraiment difficile d'avancer. Même avec les outils. J'ai quand même fait un petit progrès. Je suis un peu moins distraite et je casse moins les objets.

J'ouvre le placard dans lequel je range le thé. On le sale en Mongolie. Enkhetuya utilise une terre verte naturellement salée, récupérée le long de certaines rivières. Elle en met quelques pincées dans le thé en train de bouillir. Puis elle y verse du lait de renne, de haut, pour le faire mousser. À moi de faire ces gestes avec tous mes sens en éveil. Comme elle. Les enseignements sont là. Sous mon nez. Dans chacun de ces gestes. J'ouvre le paquet. Je hume le parfum de jasmin. Mon estomac gargouille. Tiens, c'est vrai, j'ai oublié de déjeuner. Il déteste ça et me le fait savoir.

J'ouvre la porte du réfrigérateur. Une odeur de fromage me saute au nez. Je lui fais une grimace. Pardon. Un sourire. Oui. Quoi qu'il arrive, commencer par le sourire. Sans lui tout est fermé. Verrouillé. Camembert, reblochon, gruyère ? Gruyère. Hop dans les papilles. Je prends, je donne, je redonne à mes sens. Je prends, je donne, je redonne... Pas mal comme boucle, pour mon album d'ethnotranse. Non. Pas tous les gestes en même temps. Un, avaler le morceau de fromage. Voilà. Deux, attraper le bloc-notes et le crayon posés sur la table en Formica jaune. Il y en a dans chaque pièce au cas où l'inspiration me tomberait sur la tête. C'est le cas. Trois, dessiner le rythme. 12/8. Croche noire, croche croche croche croche croche croche noire. Quatre, poser le crayon. Cinq, remplir d'eau la bouilloire électrique. Six, la poser sur son socle. Sept, appuyer sur le bouton de mise en route. Huit, un petit voyant rond s'allume. Orange. Relation de cause à effet. Dans l'ordre.

Enkhetuya a raison. C'est rassurant. Reposant. De faire les gestes les uns après les autres. Mon cerveau panique lorsqu'il n'y a pas de cause à un effet ou d'effet à une cause. C'est sans doute ce qui me perturbe dans le fait d'être chamane. Je n'en comprends ni la cause ni l'effet. Ou alors je suis comme ce voyant orange, je m'allume lorsque l'électricité passe en moi ? Mais d'où vient cette énergie ? Je ne sais pas. Un miaulement. Mon téléphone sonne. Je décroche.

— Marie ! T'as eu mon message ?

— Ben oui, qu'est-ce qui t'arrive ?

Inspiration. Je me lance. Hier, je marchais dans la rue pour aller poster une lettre. Je voyais la boîte jaune à dix mètres en face de moi. Je n'avais qu'à aller tout droit, en traversant la rue sur un passage clouté. Mais je n'ai pas pu le faire. Il a fallu que je « contourne » le passage clouté...

— Il y avait un obstacle ?

— Non ! Il n'y avait rien. Rien de visible en tout cas...

— Tu veux dire que tu as contourné un truc invisible ?

— Oui. Je ne savais pas quoi, mais je ne pouvais pas traverser sur le passage clouté. Il a fallu que j'en fasse le tour pour arriver à la boîte.

— C'est bizarre...

— Mais le plus étrange est qu'après avoir posté la lettre, je suis allée acheter des fruits juste à côté. Le vendeur, avec qui je discute toujours un peu, m'a dit : « Vous avez vu ce matin, l'accident ? Une dame a été renversée par une moto, juste là en face, sur le passage clouté. Elle est morte sur le coup... »

Grand blanc à l'autre bout du fil. Marie se tait. Je baisse la tête. Ce silence me renvoie soudain à l'absurdité de mes paroles. Même elle, maintenant, semble avoir du mal à me croire. Difficile d'apprendre à s'en foutre. Difficile de faire comprendre ce que l'on est, ce que l'on ressent, quand rien de logique ne peut l'expliquer. J'entends enfin un éclat de rire.

— Tu vas devoir partir à tes rendez-vous six heures à l'avance si tu te mets à « contourner » tous les lieux de la ville où il y a eu un accident !

— Mais t'es vraiment con, c'est sérieux ce que je te dis !

— Je sais. Je dis juste ça pour détendre ma trouille. Tu crois que c'est la pratique du tambour qui développe ces trucs ?

— Peut-être. En tout cas, j'ai bien conscience d'avoir mis les doigts dans un engrenage. Mais sans savoir où tout ça va m'emmener...

— C'est flippant, finalement. Remarque, c'est comme la vie, on ne sait jamais comment elle va nous transformer...

Silence de nouveau.

— Et t'as eu d'autres manifestations de ce genre ?

— Il m'est arrivé d'avoir des perceptions assez incroyables, oui, juste après une transe...

Je me tais soudain. Je ne sais pas si je dois raconter ça à Marie. Une fois, dans le tipi, après une cérémonie, je me suis couchée pour dormir et, en fermant les yeux, j'ai vu une tête de loup devant moi. Énorme. Une lumière très vive partait de ses yeux. J'ai alors senti les miens se transformer. Comme ceux du loup, ils sont devenus une fente, de laquelle j'ai senti cette lumière rayonner. J'ai regardé autour de moi. Il faisait noir. Mais moi je voyais. Pas comme d'habitude. Plutôt comme une vision « perceptive » qui ne venait pas de mes yeux mais d'ailleurs. J'ai vu du rouge sur certaines parties des corps des personnes qui dormaient à côté de moi. Du rouge autour de la gorge pour l'une d'elles, ou autour des reins pour une autre. Et j'ai senti que j'avais la possibilité de faire « fondre » cette sorte de rouge, comme de la chaleur. J'ai concentré mon regard et le rouge a disparu. Ça m'a impressionnée. J'ai eu peur. Tellement peur qu'une chape de sommeil m'a envahie. Un sommeil forcé. Soudain là pour me libérer de cet état de puissance que mon mental n'était pas prêt à assumer. Le temps de laisser échapper un éclat de rire,

le sommeil m'a emportée. Le lendemain, j'étais normale. Soupir. Mais qui peut entendre ça sans douter de
parler à une dingue ? Haussement d'épaules. Au point
où j'en suis.

— Tu promets de ne rien répéter ?

— Archijuré !

Je me lance. Mais au fur et à mesure de mon explication, je l'entends inspirer de l'air en sifflant. Signe
d'une intense inquiétude chez Marie.

— Et tu as de nouveau réussi à « voir » de cette
façon ?

— Non. Mais maintenant je sais que ça existe, que
mes yeux ont d'autres fonctions, d'autres visions, qu'il
est peut-être possible de développer...

— Et les autres sens, ils auraient aussi des fonctions
« cachées » ?

— On dirait. Comme s'ils avaient leur fonction
« apparente », celle dont nous avons l'habitude de nous
servir, et une autre plus subtile, qui permettrait de percevoir d'autres aspects de la réalité. Ou d'avoir accès à
une autre forme de la connaissance. Plus perceptive...

— C'est-à-dire ?

— Pendant la transe, tu l'as vu, mon nez ne sent pas
des odeurs mais ce qui semblerait être des énergies.

Marie émet un petit rire.

— Tu crois que l'expression « avoir quelqu'un dans
le nez » pourrait venir de ce genre de perception ?

— Peut-être ! Mais ces fonctions subtiles des sens
expliqueraient peut-être pourquoi certaines personnes
peuvent avoir des flashes, ou des intuitions, ou des pré-
monitions. Toutes ces « évidences » que l'on sait sans
savoir pourquoi on les sait. Ça t'est déjà arrivé, non, de
ressentir cet état ?

— Euh...

— Tu sais, quand tu te dis : « Je le savais, je ne
devais pas faire confiance à cette personne », ou : « Je

86

ne devais pas prendre cette décision », mais tu l'as fait et tu regrettes de ne pas avoir suivi ton intuition.

— Oui, oui, je vois. Alors tes entraînements au tambour te permettraient de retrouver ces fonctions « intuitives » et de les développer ?

— On dirait...

— Tout le monde aurait donc la possibilité de développer ces fonctions !

— Oui. Elles seraient en chacun de nous, comme en sommeil...

— Mais alors pourquoi moi je ne les ai pas développées ?

— On développe tous, ou pas, certains trucs. Toi, tu es douée pour les maths et pas moi. Je ne sais pas pourquoi !

— Alors comment je pourrais faire, si tu dis qu'elles sont vraiment en moi, pour développer ces fonctions ? Je n'entre pas en transe comme toi !

Je réfléchis un instant. Peut-être en faisant de la méditation. Ou du yoga, ou toutes les pratiques qui vont tendre à développer le côté perceptif de sa personnalité. Je l'explique à Marie. En précisant que la transe représente de toute façon un certain danger. Contrairement à ces autres disciplines dont l'intérêt est de faire avancer à sa propre vitesse, la transe balance violemment dans des états auxquels le mental n'est pas forcément préparé. La sensation de puissance parfois ressentie peut risquer de faire péter un câble à toute personne qui ne serait pas suffisamment bien entraînée.

En tout cas je comprends maintenant pourquoi ma formation chez Enkhetuya a commencé par traire les rennes, aller chercher de l'eau, vivre dans la terre. Je râlais au début. Mais en ancrant mes racines pour m'empêcher de perdre pied, elle a sauvé ma santé mentale...

Geste n° 7

10 juin. Ce matin, pour la première fois depuis presque un an, j'ai hésité. Hésité à ouvrir la fenêtre pour dire bonjour à tes cendres.

C'était terrible. Oui, de réaliser que ce geste tellement important pendant tous ces mois, tout à coup, l'était moins. Comme s'il ne voulait plus rien dire. Comme s'il était devenu une habitude plus qu'une nécessité. Tout ce que j'y avais mis s'était envolé. Il était vide de sens. Vide de toi. Vide de la souffrance que j'avais éprouvée depuis ta mort.

J'y ai réfléchi toute la journée. Est-ce que je me sentais coupable de ne plus souffrir ? Non. C'était plutôt comme si je devais me réhabituer à un nouvel équilibre. Un peu comme le premier jour où, après une fracture du tibia, on réalise qu'on est guéri et qu'on peut marcher sans souffrir. Sans béquille. On a peur d'abord. On a l'impression qu'on va tomber. Mais en même temps, on sait qu'on peut le faire. Aujourd'hui j'en suis là. Je viens de réaliser que je peux marcher sans toi. Et sans souffrir...

Dernière étape du deuil ? Sourire. J'ai vraiment tout fait pour te retrouver. Je pensais même pouvoir découvrir une réponse à la mort derrière cette « porte du son » franchie pendant la transe...

Je baisse la tête. Le poids des larmes peut-être. Elles surgissent. Grandissent. Se vautrent dans le coin de mes yeux trop petits soudain pour les contenir. Cette réponse, je l'ai cherchée plus que tout. C'est vrai. Elle a été ma principale motivation dans la poursuite de cet enseignement. Allais-je te retrouver sous une autre forme, de l'autre côté ? Y avait-il quelque chose après la mort ? J'ai souvent imaginé la tête des premiers humains face à ce phénomène. Un des leurs est là, vivant près d'eux, et un jour, hop, il y a le corps mais plus personne dedans. Où est-il passé ? Où est passé ce qui faisait de lui un être vivant ? Il a bien fallu trouver une explication, juste pour se rassurer, pour se dire que tout ça ne servait pas à rien. Que ça allait continuer ailleurs. Les chamanes ont imaginé les premières hypothèses. Les religions ont structuré ces hypothèses. Mais moi. Je ne pouvais me contenter de ce qu'on me racontait. J'ai dû aller voir. De mes propres yeux. Dont j'essuie les larmes.

Le jour où j'ai réussi à passer de l'autre côté de la porte, j'ai vécu la plus belle trouille de mon existence. J'ai vu un vide infini et froid. Il n'y avait rien. Rien. De l'autre côté. Et pendant plusieurs jours, j'ai refusé d'y retourner. D'entrer en transe. C'était trop flippant, ce vide. Enkhetuya m'a alors expliqué. Ce que j'avais vu était non pas une réponse à la mort, mais la peur qu'elle produisait en moi. Peur du vide, après la vie. Le fait d'avoir « passé la porte » pour la première fois voulait dire que j'avais accepté de perdre le contrôle imposé par mon mental et que cette peur la plus enfouie avait été libérée. Celle de la mort, donc. Mais en même temps, m'être retrouvée face à elle voulait dire que je l'avais dépassée. Je pouvais renaître à ma vie.

Dans le sens chamanique du terme, un humain renaît à sa vie lorsqu'il a accepté d'affronter ses peurs et compris qu'elles n'étaient rien de plus qu'une invention de son mental. Une construction « virtuelle » dont il est le seul responsable.

Enkhetuya, après cette expérience, m'a dit qu'étant « libérée » de ma peur de la mort, je pouvais retourner de l'autre côté de la porte. Ça ne me terroriserait plus. Je lui ai fait confiance. J'y suis « retournée ». Ce que j'ai vu n'avait effectivement plus rien à voir avec ma première vision. J'ai vu des animaux, j'ai vu une montagne, un triangle dans lequel je suis entrée et au centre duquel se trouvait un vieux monsieur. Bref, ça ne faisait plus peur du tout. Enkhetuya me l'a expliqué. Les visions les plus effrayantes étaient bien uniquement l'expression de nos propres peurs. Si j'avais eu très peur d'une pomme, j'aurais « vu » une pomme.

Mais toi ? Tu n'y étais pas. Non. Tu étais peut-être ailleurs mais pas là où je suis allée. Pas de l'autre côté de la porte.

Plein le dos. Je vais prendre un bain. Besoin d'arrêter de réfléchir. L'eau a toujours eu cet effet sur moi. Elle fait glisser mes problèmes dans le fond de la baignoire, dans la bonde, le siphon, les canalisations, les égouts, la station d'épuration, le fleuve, la mer. Les mers sont pleines de problèmes, finalement. Je ne comprends pas pourquoi on prend tant de plaisir à s'y baigner. Je tourne le robinet. L'eau coule. Tombe. Jusqu'à un nouvel équilibre. Un nouveau plat. C'est dans l'ordre des choses. Celui de la planète Terre en tout cas. Une évidence. Peut-être une partie des évidences dont parle Enkhetuya ? Celles que je ne vois pas parce que je ne sais que penser. Et pas observer. Quel enseignement se cache derrière cette eau en train de couler ? Suis-je comme elle ? Éclat de rire. Ça c'est vraiment une évidence. Je coule. Je ne sais plus où j'en suis. Ni où cette expérience va me conduire. Donc j'ai perdu un équilibre. Et que dois-je faire pour retrouver ce putain d'équilibre ? Faire comme l'eau ? Accepter ma condition sans me poser les questions auxquelles je ne peux répondre ?

Je me déshabille pour me glisser dans le bain. Un pied d'abord. Température parfaite. Immersion. J'ajoute une boule d'huile parfumée. Une jaune. Au contact de l'eau, sa peau de gélatine se met à fondre, laissant s'échapper l'huile parfumée qu'elle contient. Couleur jaune pour parfum d'agrume. Ma peau va sentir le citron. Je ne suis pas un citron. Je suis une bulle qui ne veut pas éclater pour aller voir de l'autre côté. Celui dont parle Enkhetuya. Je m'en fous de l'autre côté. Ou plus exactement il me fait peur. Et si c'était pire là-bas ? Ici au moins je connais. Je plonge la tête sous l'eau. Blupblupblupblup. Un des effets de la transe en mettant mon ego en état de veille serait d'ouvrir cette bulle, de la rendre poreuse en tout cas. Pour me donner la possibilité de ressentir ou de me connecter à toutes les autres consciences. De me promener dans toutes les mailles du filet pour en « ressentir » la forme. Je ressors la tête de l'eau. C'est pour ça peut-être que, dans cet état, je peux me connecter à d'autres énergies, d'autres vibrations, et « devenir » un loup ou une sauterelle, ou la forêt, comme en Amazonie. L'effet des vibrations sonores du tambour m'obligerait ainsi à dépasser les limites imposées par mon ego, pour me faire ressentir toutes les formes de moi. Donc toutes les formes du Tout ? Je passe une main sur mon visage pour en chasser l'eau. Sans doute, un jour, les avancées scientifiques permettront de comprendre tous ces phénomènes.

À propos d'avancées scientifiques, Anne m'a beaucoup éclairée sur les états modifiés de conscience. Nous avons dîné ensemble la semaine dernière. Après son cours d'aquarelle, à deux rues de chez moi. La peinture est son hobby, mais aussi une façon d'entrer en contact plus intime avec les membres des tribus dans lesquelles elle part faire ses recherches et dont elle fait systématiquement un portrait. Autour d'un couscous, elle m'a parlé des EMC. Je ne savais pas qu'ils avaient fait l'objet d'autant d'études. Le poids du tambour par exemple. J'arrive à ne presque plus le ressentir pendant la transe. Eh bien, ce cas de force « surhumaine » a déjà été étudié et classé comme une des caractéristiques des états modifiés de conscience. Il a même été prouvé que la force développée n'était pas proportionnelle à la masse musculaire.

Il serait également normal que, pendant la transe, je puisse me cogner, tomber, prendre des coups de tambour dans le nez, sans rien ressentir ou presque. Comme si la douleur faisait moins mal. Ce phénomène semblerait venir du fait que dans cet état, mon mental étant moins « présent », il ne peut plus amplifier la douleur, ou m'envoyer les messages du genre « Je ne suis pas capable, je n'ai pas la force ». Donc je fais des choses que je ne pensais pas pouvoir faire.

— Mais alors, il suffirait d'arriver à mettre le mental en « veilleuse » pour contrôler la douleur ?

— Des études sont en cours, m'a répondu Anne en ajoutant un max de harissa dans le bouillon de son couscous. Pour les capacités physiques, par exemple, on a fait des tests sur des astronautes. On les a évalués sur le saut en hauteur en conditions atmosphériques terrestres. Disons que leur record absolu était à un mètre cinquante. On les a ensuite mis en état d'apesanteur où forcément ils ont sauté beaucoup plus haut. Puis on les a de nouveau fait sauter dans des conditions terrestres. Ils ont sauté un mètre soixante-dix sans effort et du premier coup...

— Ça voudrait dire que leur mental jusque-là leur donnait une sorte de limite à un mètre cinquante et que le fait d'avoir sauté en apesanteur a fait évoluer cette limite et rendu « possible » ce gain de vingt centimètres ?

— Oui. C'est comme un record. Tu as sans doute déjà remarqué, il suffit qu'un athlète le batte pour que plein d'autres après en fassent autant.

— Donc un mental moins « présent » laisserait la possibilité aux véritables capacités physiques de s'exprimer ?

— Comme peut s'exprimer ta véritable force physique pendant un EMC.

J'inspire. Je souris. J'aime bien discuter avec elle. Vraiment la seule personne depuis mon retour de Mongolie au contact de laquelle le poids de cette expérience s'allège. Elle a assisté à toutes les cérémonies depuis notre rencontre. Patrick, mon copain violoniste, m'a proposé sa maison. Plus besoin de chercher de lieu. Anne m'a dit un truc flippant aussi. Juste après m'avoir rendu en riant un pois chiche que ma fourchette avait fait sauter dans son assiette.

Un de ses copains psychiatres lui a parlé du cas d'une jeune femme ayant assisté à une sorte de cérémonie chamanique en Inde. Comme moi, sans s'y attendre, elle est « partie ». Elle ne s'est pas transformée en loup mais en tigre. Le problème est qu'elle est restée bloquée dans cet état. Le chamane, peut-être pas assez performant, n'a pas réussi à la faire revenir. Et comme elle se prenait toujours pour un tigre, elle a dû être rapatriée en France et transférée à Sainte-Anne, l'hôpital psychiatrique, où on l'a mise sous tranquillisants. Il a fallu six mois pour la guérir...

J'ai vraiment eu une chance inouïe que le chamane ait pu me ramener lors de ma première transe. Il m'avait dit qu'il avait failli ne pas y arriver, mais je ne l'avais pas cru. Ou pas beaucoup. Le risque est sans doute plus important pour les débutants. Mais maintenant j'ai encore plus la trouille avant une cérémonie. Chair de poule. J'ouvre le robinet d'eau chaude.

Geste n° 8

16 juin. En dansant sur le dernier album de Katerine, j'enlève la poussière. *J'adooooooore / Regarder danser les geeeens.* Tout y passe. Le mur d'étagères de livres, j'en lis en moyenne deux par semaine, les BD, les CD. Même les feuilles de l'hibiscus rouge et du basilic. Besoin de nettoyer. De récurer...

Hier, j'ai ressenti une vibration très désagréable en approchant de Jeanne, une amie. Je ne l'ai pas cherché, j'évite toujours de développer cette perception. Mais elle s'est imposée à moi. C'était chez Patrick, le violoniste. Il avait organisé une soirée pour fêter son engagement dans une tournée de concerts aux États-Unis. Jeanne, son ex-femme, était là. Ils n'ont jamais vraiment pu se quitter, ces deux-là. Mariés et divorcés deux fois, ils disent avoir trouvé la solution idéale. Chacun son appartement et liberté sexuelle totale. Patrick en profite un max. Son côté immense nounours et sa façon de jouer du violon, tellement délicate et sensible pour un tel gabarit, font craquer les filles. Moi aussi d'ailleurs. La première fois que je l'ai vu, ses gros sourcils tombants et son sourire désolé genre « On m'a volé mon violon » m'ont tout de suite donné envie de le consoler. Il adore ça de toute façon. Pas une once de machisme dans son cerveau de grand mâle. Ça doit rassurer les filles. Elles pensent qu'avec lui c'est pour la vie. Elles ont tort. En neuf ans, Jeanne n'a jamais été détrônée. Elle reste son seul et unique grand amour.

C'est en lui disant bonjour ce soir-là que j'ai ressenti la vibration. J'ai flippé en me demandant si, comme la dame du Bon Marché, elle avait perdu un proche. Patrick m'en aurait pourtant parlé. Sans rien oser dire, j'ai passé la soirée à l'observer. Elle riait, elle avait l'air normal. Mais chaque fois que je m'approchais d'elle je ressentais la vibration. J'ai fini par lui demander, l'air de rien, si tout allait bien dans sa vie. Elle m'a regardée, le sourcil vraiment surpris. Oui, pourquoi ? J'ai dû avoir l'air con. Mais j'étais soulagée de m'être trompée. Sur le moment en tout cas.

Parce qu'aujourd'hui je fais ce que j'appelle ma *poussière thérapie*. Signe que le doute est là. Pourquoi ai-je ressenti cette vibration ? Se peut-il que je l'aie inventée ? Ou alors cette vibration a une autre signification ? Mon chiffon passe sur le clavier du piano. Idiote, il est tout gras de Pliz maintenant. Je vais chercher un chiffon propre. Si au moins je trouvais le mode d'emploi de tous ces phénomènes.

Samedi dernier, sur le chemin d'un hangar des puces de Clignancourt où Anne m'avait proposé d'aller pour découvrir un lot de statues en provenance du Mali, elle m'a parlé des transes africaines, en général provoquées par les percussions et la danse. Elle disait que l'étude des EMC avait conduit la recherche neurophysiologique à accepter de faire une subdivision de l'état de veille en deux sous-états. L'état de « veille triviale », ressenti dans notre état normal, et celui de « veille paradoxale », ressenti pendant les EMC.

— Le son du tambour me mettrait donc en état de veille paradoxale ?

— On dit aussi rêve éveillé ou éveil au repos...

Je lui ai demandé si d'autres techniques pouvaient provoquer cet état. Oui. En plus des techniques chamaniques dont elle m'avait déjà parlé, telles que la danse, les rythmes, les contorsions, il y avait des techniques artificielles comme la programmation neurolinguistique, l'hypnose éricksonienne, l'analyse jungienne. L'Institut Monroe, en Virginie, a même mis au point une technique appelée « Hemi-Sync », qui consiste à utiliser pour chaque hémisphère cérébral un son de fréquence différente.

— Cette différence de fréquence influence le cerveau qui commence à vibrer et à se mettre en phase avec la différence sonore, provoquant un état de veille paradoxale. Il se manifeste, dans ce cas, essentiellement par des visions...

— Et physiologiquement, des mesures ont déjà été faites ?

— Oui, cet état serait dû à une surexcitation de l'organe vestibulaire.

— En clair ?

— L'organe vestibulaire est une partie de l'oreille interne responsable de l'équilibre. En fait l'hyperventilation provoquée par ces techniques aurait pour conséquence une diminution du taux de gaz carbonique et une augmentation de celui d'oxygène, tu me suis ?

— Jusque-là ça va...

— Bon. Tout ça serait accompagné d'une vasoconstriction cérébrale entraînant une diminution de la quantité d'oxygène dans les tissus. Diminution mieux tolérée par les parties du cerveau les plus anciennes...

— Les plus anciennes ?

— Les zones émotionnelles et instinctives...

— Et du coup ces zones « moins » privées d'oxygène que les autres seraient plus actives que les autres ?

96

— Exactement...

— C'est donc pour ça que, dans cet état, j'aurais l'impression d'être connectée davantage à une connaissance perceptive qu'intellectuelle ?

— C'est une possibilité...

Elle s'est arrêtée de parler. Nous étions enfin dans le hangar et elle venait de repérer un masque africain surmonté d'une statue de femme. Les peintures géométriques, les membres effilés, les seins pointus, la position assise du personnage semblaient montrer qu'il était d'origine dogon et sans doute utilisé dans les rites de fécondation. Tout en observant la patine pour en vérifier l'authenticité, elle a continué à me parler des EMC. Une partie de la profession commençait à les considérer comme un possible avenir de la psychothérapie. Cet état, en déconnectant de ses automatismes inhibiteurs, de ses peurs, de ses angoisses, permettrait de prendre du recul par rapport à son « je ». Les EMC seraient ainsi l'espace idéal dans lequel pourrait se réaliser, grâce à cet élargissement de la compréhension de soi, un véritable changement de la psyché. Puis elle a demandé au vendeur le prix de la statue. Quatre-vingts euros. J'ai vu passer un éclair de plaisir dans ses yeux. Elle l'a achetée. Je secoue mon chiffon à poussière dans l'évier de la cuisine. Mon téléphone vibre dans ma poche. Je pose le chiffon. J'éternue. Coup d'œil à l'écran. Appel masqué. Merde. J'ouvre le clapet.

— Allô, ma chamane ? Ffff, ffff...

Je lève les yeux au ciel. C'est Agnès. Je lui demande de patienter deux secondes. Je vais baisser le volume du CD. Pas l'arrêter. Pas avant son dernier souffle. Je reprends mon téléphone.

— Tu n'appelles pas pour m'inviter à un entretien de boulot, j'espère ?

— Non, non, j'ai compris ! Ffff, ffff, je t'appelle pour autre chose, ffff, ffff, tu as deux minutes ?

— Ça dépend...

— T'inquiète, c'est génial, fffff, fffff, on va gagner le gros lot, tu vas voir !

— Mais qu'est-ce que t'as à souffler comme ça ?

— Fffff, ffff, je suis à mon club, je pédale ! C'est le seul moment où je peux donner mes coups de fil perso, fffff, ffff...

Je hausse les épaules.

— Remarque, ça tombe bien, j'avais une question à te poser. Tu es en état de répondre ?

— *Of course*, rythme cardiaque 92 bpm, fffff, fffff, c'est parfait, j'écoute...

— C'est à propos d'Anne...

— D'Anne ? Ffff, ffff... Elle t'a parlé de moi ?

— Non, mais je voulais savoir ce qu'il y avait entre vous. J'oublie toujours de te le demander et elle refuse d'aborder le sujet...

— C'est un vieux contentieux...

— En clair ?

— Je n'ai pas envie d'en parler, OK ?

Je n'insiste pas.

— À moi de te parler de mon idée géniale, maintenant, fffff, fffff, tu es prête ?

— Seulement si tu arrêtes tes fffff, ffff, c'est pénible !

— Ffff, ffff. Encore un tour. Ffff, ffff. Voilà. C'est bon. Fffouuuh. Je suis trempée...

— Oui, d'accord, abrège...

— OK... Mais wouaouhhh... ça fait du bien, tu devrais vraiment t'y mettre...

— Dépêche ou je raccroche !

— Tu vois, t'es trop speed ! Bon... Alors ce matin au bureau en prenant mon petit café, je lisais le *Nouvel*

Obs, tu sais, pour mon job, je dois éplucher toutes les pubs, voir les tendances, les objets à la mode et là, tu le croiras pas, mais je suis tombée sur *the* objet... Un vaporisateur de sac en acier brossé signé Chanel...

— Un vaporisateur ? T'as raison, c'est génial !

— Attends ! C'est pas seulement un vaporisateur. Deux mots sont gravés sur l'objet. « Chance » et « Chanel » et tu devineras jamais ce qu'ils ont écrit comme présentation...

— Ben non !

— Je l'ai appris par cœur, écoute : « *Bien plus qu'un objet nomade ou un vaporisateur de sac : un nouveau fétiche, un porte-bonheur secret, un mystérieux talisman, pour emporter partout sa chance avec soi. Un nouveau geste de parfum, simplissime et pourtant essentiel. Un nouveau rite magique, ensorcelant et infiniment féminin.* » Trop top, non ? C'est un grigri !

— Et alors, ils ont eu raison, c'est à la mode...

— Exactement ! C'est à la mode. Et ça m'a donné *the* idée...

— Je crains le pire...

— Mais non, je suis très sérieuse ! J'ai pensé qu'on pourrait lancer une ligne d'objets « porte-bonheur » dont la marque porterait... ton nom ! C'est génial, tu trouves pas ?

— Mon nom ?

— Mais oui ! Étant donné que tu es chamane, on ferait fabriquer des objets, tu ferais les rituels pour les rendre « porte-bonheur », on les vendrait, et ça ferait un tabac !

— Parce que tu crois vraiment que j'ai le pouvoir de « bonheuriser » des objets ?

— Que tu l'aies ou pas, on s'en fout. C'est l'idée qui fait vendre. Et l'idée du grigri fonctionne parce que tout le monde a besoin d'espérer...

— C'est exactement ce que je pense. Mais ne te fatigue pas, c'est non...

— Je m'occupe de tout ! Les financiers, l'usine de fabrication, le lancement...

— C'est NON !

— Tu gagnerais beaucoup d'argent, tu pourrais enfin financer tes albums d'ethnomachin, là...

— Je ne veux pas de cet argent...

— Mais pourquoi ?

— Parce que je ne veux pas devenir riche en profitant de « l'espoir » que des gens pourraient mettre dans ces grigris...

— Mais c'est bien, de donner aux gens la possibilité d'espérer. Sans l'espoir, la vie serait insoutenable parfois ! D'ailleurs les religions l'ont bien compris. Que sont les dieux, sinon des grigris grâce auxquels les gens peuvent continuer d'espérer...

— Continuer d'espérer ?

Je réfléchis. Anne, le jour du hangar, m'a parlé d'un test psychologique utilisé aux États-Unis par les gérontologues pour mesurer le niveau d'anxiété de leurs patients face à la mort. Le *Multidimensional Fear Death Scale*. D'après ce test, les sujets croyants présentent un niveau d'angoisse inférieur aux non-croyants. Et des chercheurs en psychologie sociale, s'appuyant sur les résultats de ce test, confirmeraient que la croyance, quels qu'en soient la nature ou le nom du Dieu élu, relève avant tout d'un besoin de lutter contre l'angoisse de la mort. Je l'explique à Agnès. Sans se démonter elle me répond :

— Les religions comme anxiolytiques ? Tu vois que c'est bien, mes grigris. En plus on va pouvoir les faire déclarer d'utilité publique !

— Oui, eh bien, ne compte pas sur moi. Moi, je sais que je n'ai pas le pouvoir de « grigriser » ta ligne de produits. Alors c'est non. Maintenant tu me laisses, j'ai du travail...

Je ferme le clapet du téléphone. Énervée. Pas contre Agnès. Contre moi. Elle a raison. Moi aussi j'ai besoin d'espérer. C'est même pour ça que je continue cette formation de chamane. J'espère. J'espère une réponse. Aussi petite soit-elle. Et pourquoi je peux espérer ? Parce que je n'ai pas la preuve de l'inefficacité des rituels ou de l'existence des esprits. Si j'avais ces preuves, je n'espérerais plus. Je n'irais pas apprendre ces rituels. Finalement, moins on a la preuve de l'existence de quelque chose, plus on peut y croire. La croyance ne peut donc naître que dans l'espoir. Et l'espoir dans l'ignorance. Donc je suis une ignorante. Voilà. Voilà ce qui m'énerve. Et voilà sans doute la raison pour laquelle le chamanisme est tellement séduisant aujourd'hui. On en a une idée tellement vague qu'on peut encore espérer y trouver les réponses à toutes nos questions. Je reprends mon chiffon à poussière. Musique à fond. J'attaque les meubles. Je retourne en Mongolie dans dix jours. Laetitia ne viendra pas cette fois. Elle termine sa thèse. Après. Après je ne sais pas.

Apprendre les rituels me servira à quoi ? Je n'ai jamais vraiment cru à l'efficacité de la magie. J'ai pourtant un doute. C'est vrai. Et l'envie de comprendre exactement de quoi il peut bien s'agir. Après, au moins, j'aurai une réponse. Je saurai peut-être enfin si oui ou non je peux aider Marc. J'entends une sonnerie. Où est mon portable ? Sur l'évier. Allô ? Trop tard. Mon correspondant a laissé un message. « Salut, c'est Marc. Bonne nouvelle, au dernier scanner, la tache au poumon avait disparu ! Tu devrais être contente, je vais te lâcher les baskets ! Bon, salut, rappelle-moi... »

Soupir de soulagement. Je vais ranger mon chiffon à poussière.

II

Magie grise

Geste n° 9

10 décembre. Assise à mon bureau je rédige une annonce pour Enkhetuya. Elle me l'a demandé, juste avant mon retour pour Paris. Vu le genre d'annonce, j'ai choisi *Le Chasseur français*. Mais j'espère vraiment qu'elle n'ira pas au bout de sa décision.

Tout a changé là-bas, cette année. Le tourisme a augmenté de soixante pour cent. Enkhetuya s'est rendu compte que les étrangers venant la voir en tant que chamane avaient besoin de repartir avec quelque chose de son « pouvoir ». Elle s'est mise à fabriquer des objets en corne de renne, les a présentés comme des porte-bonheur-argent-amour. Tout le monde en voulait. Elle et Doudgi ont travaillé jour et nuit pour arriver à fournir. Même moi j'ai dû m'y mettre. Mais ce n'était pas suffisant pour répondre à la demande. Alors elle a embauché tous les membres de sa famille, découvrant les sensations du chef d'entreprise, du monopole. Et à quatre dollars l'objet, elle est devenue riche. Mais un matin, je l'ai trouvée en pleurs. Doudgi n'était pas avec elle. Elle m'a expliqué que pendant la nuit il avait bu avec des touristes mongols. Complètement saoul, il était entré dans le tipi pour lui demander les bouteilles de vodka réservées aux offrandes des cérémonies. Elle

105

n'avait pu les lui donner, elle me les avait confiées en cachette avec mission de les enterrer au pied d'un arbre. Alors Doudgi lui avait demandé de l'argent pour en acheter aux touristes. Elle avait refusé et...

Il l'avait frappée. Avant de voler tout l'argent gagné pendant l'été. C'était la première fois depuis qu'ils vivaient ensemble. Plus de vingt ans.

— Tu comprends, jusque-là il s'était contenté de vendre des vêtements ou ses chaussures pour acheter de la vodka. C'était pas très grave. Mais avec le développement du tourisme, il y a de l'argent. Il y a aussi beaucoup de visiteurs et beaucoup plus d'occasions de boire de la vodka. Doudgi devient alcoolique...

— Mais tu connais le rituel, tu me l'as appris, pour qu'un alcoolique arrête de boire...

— Doudgi le connaît aussi ! Tu oublies qu'il est mon *tushig*. Donc il sait que la mixture magique contient de la fiente de mouette. Et il refuse absolument de la boire !

Là, je comprenais Doudgi. Mais pour Enkhetuya, il était allé trop loin, devenu un mauvais mari. Il fallait agir, et elle avait justement quelque chose à me proposer. Elle a réfléchi un moment avant de continuer. Je ne lui avais jamais vu un air aussi grave. Alors je me suis assise à côté d'elle, près du poêle. Je lui ai offert une cigarette. Nous avons fumé en silence. Et elle s'est lancée :

— Je te laisse le tipi et les rennes et les yaks. Maintenant que tu as un métier de chamane, tu peux vivre en Mongolie.

J'ai craché ma cigarette. Enkhetuya m'a fait signe de la laisser continuer. Avec le développement du tourisme, elle avait rencontré beaucoup d'Occidentaux. Ils lui avait parlé de vies très différentes de la sienne. Et comme elle avait gagné beaucoup d'argent avec la vente de ses « grigris », elle s'était mise à rêver des objets, voitures, vêtements qu'elle pourrait posséder, des maisons dont elle avait vu les photos...

— Je veux aller vivre en France. Ma vie ici ne me plaît plus...

Mes yeux se sont arrondis.

— En France ? Mais... Mais comment ? Quand ? Et ta famille !

— Je m'en fiche, ils sont grands, ils se débrouilleront. Et puis, ma décision est prise. Tu vas m'aider à trouver un mari français. Ceux que j'ai rencontrés ici ont l'air gentil. Le mien ne devra pas fumer, pas boire et avoir plus de soixante-dix ans. Je ne veux plus faire l'amour. Il devra aussi avoir une grosse voiture, une maison et un chat...

Je n'ai pu m'empêcher de sourire.

— C'est vraiment ça, ton homme idéal ?

— J'ai cinquante et un ans. Je sais ce que je veux. Tu peux chercher pour moi ?

— Euh... je peux essayer de passer une annonce... Mais...

— Mais quoi ?

— À propos de faire l'amour... tu ne peux pas demander ça. Tu n'auras aucune réponse...

— Et pourquoi pas, ils ne font quand même pas l'amour après soixante-dix ans en France ?

— Ben... si. Enfin, j'en sais rien !

Je me suis tue un instant. Le temps de m'empêcher de la démoraliser en lui parlant du Viagra...

— C'est pas une question d'âge. On ne peut pas le mentionner, c'est tout !

— D'accord, mais je veux que ce soit clair. Je ne veux plus faire l'amour, j'ai six enfants et ça suffit !

— Mais on ne fait pas l'amour que pour avoir des enfants, c'est aussi pour le plaisir !

— Le plaisir ? Quel plaisir ?

Devant mes yeux ahuris elle a précisé qu'elle ne savait pas comment on faisait l'amour en France mais dans un tipi, comme tout le monde dormait ensemble, ça se passait en silence et le plus vite possible. Donc, quand la femme ne voulait plus d'enfants, elle ne faisait plus l'amour. Et si le mari voulait ? Alors elle devait accepter ou bien faire en sorte d'ouvrir l'œil pour protéger ses filles et ses nièces. Tout le monde dormait ensemble, « Tu comprends ce que je veux dire ?... ».

Je comprenais très bien, oui. Nous avons scellé l'accord. Je passerais son annonce, mais je ne voulais pas du tipi, ni des rennes en héritage. Elle a ri. C'était bon de voir la joie revenir sur son beau visage en forme de lune.

Je pose mon stylo pour regarder les petites cases à remplir sur la page d'annonces du *Chasseur français*. Comment la rédiger ? Comment formuler « Ne voulant plus faire l'amour » ? Je me lève. Besoin d'un café. Je devrais appeler Marie. Elle a l'habitude, elle. Non. Pas Marie. Elle va en profiter pour me rappeler que je suis en-co-re célibataire. Bon...

Et si j'écrivais « Romantique » ? Oui, c'est bien, romantique. Je me rassois sans avoir fait le café. J'écris sur une feuille de papier.

« Mongolie. Belle femme. 51 ans. Chamane. Éleveuse rennes, yaks. Désirant vivre France. Cherche mari, non fumeur, non buveur, 70 ans au moins, romantique, ayant voiture, maison et chat. » Voilà. Je compte les lettres et les espaces. Je compte les cases. C'est bon. Je rédige l'annonce.

Chèque, enveloppe, timbre. J'irai la poster tout à l'heure. Je dois vraiment défaire mes valises. Pas eu envie encore. Comme si je passais dans un sas de décompression après une plongée, il me faut toujours quelques jours pour me décider. Je n'appelle personne non plus. J'erre dans mon appartement, seule, pour digérer ce que j'ai vécu là-bas. Tellement bouleversant, cette année encore. J'ouvre la valise. L'odeur du tipi me saute au nez. Lait caillé. Encens. Feu de bois...

Les souvenirs affluent. Quel drôle de parcours ! La première année, Enkhetuya m'a juste appris à traire les rennes, à monter à cheval pour les rassembler, à couper du bois à la hache, à trouver de l'eau, à affronter le froid, à jouer de la guimbarde. La deuxième année, on m'a fabriqué un tambour, un costume. J'ai fait ma première cérémonie. Et cette année j'ai appris des tas de rituels. Quand Enkhetuya m'a parlé des « pouvoirs » que j'allais sans doute développer grâce à leur pratique, c'est vrai, je l'avoue, j'ai espéré du spectaculaire. Du genre arriver à faire bouger mon nez pour ranger mon appartement.

Ce que j'ai découvert n'avait rien à voir avec ça...

Je m'assois à côté de ma valise. Un soir, une jeune femme d'une vingtaine d'années a débarqué dans le tipi. Jusque-là tout était normal, des tas de Mongols passaient la consulter. Mais la raison de sa présence, cette fois, c'était moi. Moi en tant que chamane. Enkhetuya m'a expliqué que la jeune femme n'avait plus ses règles depuis deux ans. Je devais faire une cérémonie pour demander aux esprits l'origine de ce trouble.

Je lui ai tout de suite demandé si elle avait consulté un médecin. La réponse a été oui et rien d'anormal n'avait été décelé. Je devais donc faire la cérémonie. J'ai d'abord refusé. Je ne voyais vraiment pas comment le fait de jouer du tambour allait pouvoir l'aider. Mais Enkhetuya ne m'a pas donné le choix. D'après elle, il était temps de mettre en pratique tout ce que j'avais appris...

Le soir, dès l'apparition des trois premières étoiles dans le ciel, la jeune Mongole est venue apporter des offrandes pour les esprits. Enkhetuya l'avait placée à côté de moi. Elle avait remarqué que si on m'enlevait le tambour pendant la transe, mes mains se mettaient à « travailler » sur la personne la plus proche de moi. J'ai commencé à jouer du tambour. Mes yeux se sont fermés. J'ai vu apparaître l'image du loup. J'ai ressenti la porte dans le son du tambour. Je me suis dirigée vers elle. Je l'ai franchie. Le son du tambour a disparu pour laisser la place au silence. Là j'ai vu une sorte de nébuleuse avec une boule de lumière à l'intérieur. Je suis entrée dans la nébuleuse pour m'approcher de la boule. Mes pattes de loup l'ont entourée. Soulevée. Extirpée. C'était difficile. Elle ne voulait pas partir. Elle bloquait tout. J'ai hurlé comme un loup. J'ai craché sur cette boule pour la faire voler en éclats. Je devais la chasser. Pour que tout circule de nouveau. Un choc au cœur m'a fait partir en arrière. De l'autre côté de la porte du son. Je suis tombée. Une cigarette est arrivée entre mes lèvres. J'ai inspiré. J'ai ouvert les yeux. Enkhetuya était devant moi. Contente de m'avoir « retrouvée ». J'ai vu dans son regard la fierté d'une mère pour son rejeton.

La jeune femme était à genoux devant moi, la tête baissée, les cheveux complètement ébouriffés, les mains jointes en prière. Enkhetuya m'a dit qu'après m'avoir enlevé le tambour, mes mains s'étaient mises à travailler sur la tête de la jeune femme, d'où l'état de ses cheveux. Elles avaient aussi « travaillé » sur son ventre. L'avaient frappé, frotté. La jeune femme avait eu très peur mais s'était laissé faire. Elle disait avoir ressenti entre nous une sorte de communion. Comme si elle était en moi et moi en elle. J'ai pensé à la sensation que j'avais eue, d'entrer dans cette nébuleuse. Peut-être son énergie à elle ? D'où son impression de ne faire qu'un avec moi ? Elle disait aussi être épuisée. Mais bien. Comme apaisée. Elle est allée se coucher. Moi aussi.

Le lendemain matin, elle est entrée dans le tipi, les bras chargés d'objets. Elle s'est agenouillée devant moi en baissant la tête de la façon traditionnelle pour montrer son respect à un chamane et m'a tendu ces objets. Une bouteille de vodka, un sac et une trousse en poil de chameau et un jeu d'osselets dans une petite poche brodée. J'étais gênée de cette attention mais Enkhetuya m'a jeté un regard genre « Tu n'as pas intérêt à refuser ». Alors je me suis inclinée à mon tour, comme doivent le faire les chamanes, j'ai porté les cadeaux à mon front et les ai posés à côté de moi. Un grand sourire a traversé le visage de la jeune femme. Elle m'a dit qu'elle avait ses règles. Et que j'étais une chamane puissante...

J'ai senti mon mental chavirer. Comme si soudain tous les repères de mon éducation s'effondraient. Mais ma logique *Made in France* est vite revenue à la charge. Elle avait dit avoir été très impressionnée par la cérémonie. J'en ai déduit que le choc psychologique ressenti avait certainement déclenché le processus en elle. Je n'y étais pour rien.

Enkhetuya a précisé que ce travail avec mes mains était un début. Je devais continuer la pratique du tambour et peu à peu, aussi doucement que le mûrissement d'une vie, toutes les capacités qu'elle voyait en moi finiraient par s'imposer. Avant de repartir chez elle, la jeune femme a pris une photo de moi pour la poser dans sa *ger*, à côté de la photo du Dalaï-Lama. J'étais très émue de ce geste. Mais j'ai surtout demandé pardon au Dalaï-Lama.

Trois jours après cette cérémonie, tous les Mongols étaient au courant de mon « exploit ». Ils m'avaient déjà surnommée « la Chamane bleue », de la couleur de mon costume. Et j'ai dû passer les semaines suivantes à faire des cérémonies...

Pour chaque personne, j'ai eu l'impression de plonger dans une nouvelle énergie, plus ou moins lourde ou légère, lumineuse, sombre, nuageuse, tourbillonnaire, et mes mains ont fait des mouvements que je ne contrôlais pas mais qui apparemment avaient un effet sur elles...

Nez dans ma valise, je déplie mon costume. Il est couvert de taches de lait ! Enkhetuya m'en a lancé beaucoup pendant les cérémonies, pour apaiser les esprits. Mouais. Je ne peux pas le laisser dans cet état pour faire des cérémonies à Paris. Ici tout doit être propre. Sentir la lessive. Je ne peux pas non plus le laver. Ça effacerait les inscriptions sur les bandes de tissu blanc accrochées au dos. Les vœux de tous les Mongols pour lesquels j'ai travaillé. Nettoyage à sec ? Éclat de rire. Je vois la tête de la dame du pressing à côté de chez moi. Non. Je caresse le tissu. Je pense à la maman d'Enkhetuya. Elle est morte l'hiver dernier. Il y a trois ans, je tendais ce tissu pendant qu'elle le piquait. Nos mains étaient réunies à sa surface. Il porte encore la trace de la sienne. Ses yeux ne voyaient pas bien. Mais elle tenait absolument à enfiler elle-même le fil dans le chas de l'aiguille. Ça prenait des heures. Alors je finissais par poser ma main sur la sienne, toute déformée par la vie, pour la diriger. Nos deux mains passaient le fil dans l'aiguille. Elle aimait bien ça. Elle souriait de son sourire édenté. Elle prononçait des phrases que je ne comprenais pas. Avec sa voix de Donald toute dans le nez. Je riais. Elle riait. Peut-être qu'en posant mon oreille contre le tissu, je pourrais encore aujourd'hui entendre sa voix. Une dernière fois. Avant que le vent, que le temps, ou la lessive n'effacent ses traces. Étrangement, la dernière fois que je lui ai dit « au revoir », je savais que c'était un adieu. Son regard peut-être. Il était différent. Il savait. On ne fait pas assez attention aux regards.

Je vais déposer le costume sur le coffre mongol du salon dans lequel je range tous mes accessoires de chamane. Il sent vraiment mauvais. Bon. Je dois déjà vider ma valise, puis j'irai poster l'annonce et je laverai ce costume. À la main. En essayant d'éviter de mouiller les bandes avec les inscriptions.

Geste n° 10

Riz, saumon, blinis, pommes de terre, salade, cour-gettes, gruyère, PQ, dentifrice, produit vaisselle, sacs-poubelle, je parcours ma liste de courses en poussant mon chariot dans les rayons du supermarché en bas de chez moi. Ah ! j'ai oublié les bougies. Virage à gauche. Elles sont là, en principe. Il n'y en a pas ? Manque toujours un truc. Bon. Je file à la caisse. Tiens, c'est quoi ça ? Des pâtes fraîches au basilic. Hop, dans le chariot. Pas envie de faire la cuisine pour moi toute seule.

À la caisse, je signale l'absence de bougies. « Reve-nez demain, on est livré le mardi, il y en aura peut-être... » Pas de problème, de toute façon j'adore les supermarchés. En arrivant dans un pays c'est la première chose que je visite. Comme des musées du présent. Du vivant. En parcourant les rayons, j'ai l'impression d'en-trer dans le cerveau des habitants. De capter leurs émo-tions intimes, leur pouls, leur couleur...

À Oulan-Bator, avec le boom touristique, le State Departement Store a été entièrement rénové en espèce de Galeries Lafayette sur cinq étages avec une sorte de grande épicerie au rez-de-chaussée. J'y ai découvert des vins français, d'énormes gâteaux à la chantilly dont les

113

colorants ne semblaient pas avoir été dilués, des meubles qu'aurait adorés mon arrière-grand-père, des ordinateurs, des téléphones portables bien plus performants que le mien, mais j'ai évité le troisième. Les fourrures y occupaient la moitié de l'espace. Chapkas, étoles, gilets, manteaux, en ours, vison, renard, loup, lapin, mais aussi peaux entières, avec la tête d'un côté et la queue de l'autre. C'est le seul rayon « mode » au monde dans lequel je ne suis pas restée plus de dix minutes. Je sors du supermarché avec mes sacs de courses autour des doigts et des poignets. C'est lourd et ça cisaille. Mes doigts sont tout blancs au bout. Je devrais m'acheter un caddy. Vibration dans la poche arrière de mon jean. Mon portable. Pas assez de mains pour répondre. Peut-être Anne ? Elle m'a laissé un message ce matin pour qu'on se retrouve chez elle. Elle parlait d'un truc important à me demander. Pas encore rappelé, j'ai travaillé toute la matinée à mon album d'ethnotranse. Ou alors c'est Marie ? Elle me harcèle depuis mon retour de Mongolie. Elle veut absolument connaître la recette du rituel pour faire tomber amoureux. Je me demande bien pourquoi. Vu son succès, elle aurait davantage besoin d'un rituel pour empêcher les autres de tomber amoureux d'elle. Remarquez, elle est bizarre depuis quelque temps. L'air ailleurs. Et même plus enthousiaste à l'idée de m'accompagner faire du shopping. Je devrais peut-être lui tirer les vers du nez. En tout cas, je n'aurais jamais dû lui révéler l'existence de ce rituel. Il est interdit de le pratiquer, en plus. Enkhetuya me l'a juste appris pour pouvoir annuler son effet au cas où une personne en serait victime. Je ne pensais même pas qu'il puisse fonctionner. Du moins jusqu'à ce qu'elle m'emmène dans une compétition de chamanes.

Nous avions fait deux jours de cheval pour nous rendre à Khatgal, la petite ville où se déroulait ce « happening ». J'en avais profité pour lui demander de quoi il s'agissait exactement. Ce que les chamanes étaient censés y faire.

— Ils viennent là pour confronter leurs pouvoirs. Le plus fort est reconnu « Chamane le plus puissant de Mongolie ».

— Mais comment ils font pour confronter leurs pouvoirs ? Ils font de la magie ? C'est... dangereux ?

— Difficile à expliquer. Le mieux est d'y assister..,

— Oui, mais si c'est dangereux...

Enkhetuya a tiré le lobe droit de son oreille. Comme chaque fois qu'elle va me dire un truc important.

— Le danger vient davantage de ta peur du danger que du danger lui-même...

Je me suis tue un instant pour digérer cette info.

— Et à quoi ça sert, de gagner cette compétition ?

— À augmenter sa clientèle ! Le chamane, comme n'importe quel artisan, doit nourrir sa famille. Alors, quand il gagne une compétition, il peut en faire la publicité à la télé, dans les journaux...

— Les chamanes font de la pub !

Elle a souri de ses vingt dents, on les avait comptées un jour.

— Et pourquoi pas ? Autrefois la publicité se faisait de bouche à oreille mais maintenant, avec tous ces médias, les chamanes se sont adaptés...

— Et toi, tu fais de la pub ?

— La meilleure publicité est celle que l'on me fait !

Nous venions d'arriver devant l'entrée d'un petit immeuble gris ciment. Jamais peint. La cage d'escalier sentait la pisse. « À moins quarante, on ne peut pas faire pipi dehors », m'a expliqué Enkhetuya en riant. J'ai bouché mon nez. Après un étage de marches défoncées, nous sommes arrivées devant une porte grise. Enkhetuya a sonné. À bout de souffle, j'ai lâché mon nez. Ça sentait le chou. Une vieille dame brune toute ratatinée a ouvert la porte. À la vue d'Enkhetuya, elle a souri en inclinant la tête de haut en bas. On ne s'embrasse pas en Mongolie. Puis elle s'est présentée, « Gogui ». J'ai salué. Elle portait le *del* traditionnel mongol, bleu avec une ceinture en soie jaune. J'ai dit : « *Sain baina uu ?* », « Comment allez-vous ? ». Elle a dit : « *Sain ta sain baina uu ?* », « Bien et vous ? ». Et moi ? Moi, j'avais le trac mais, ne sachant pas encore le dire en mongol, j'ai laissé la parole à Enkhetuya. Gogui nous a invitées à la suivre. Il y avait un miroir en face de la porte d'entrée. J'ai trouvé ça pratique pour vérifier son look avant de partir. Enkhetuya m'a expliqué qu'il n'était là que pour chasser les mauvais esprits.

— Quand ils se voient dans la glace, ils ont peur et ils s'en vont...

— Et les gentils esprits ? Ils ne s'en vont pas en se voyant ?

— Non ! Les gentils esprits n'ont pas peur de leur image...

Évidemment. Pour les Mongols, les esprits existent autant que les humains et tout ce petit monde vit en bonne harmonie, chacun connaissant les défauts et les faiblesses de l'autre. Nous sommes entrées dans une grande pièce carrée pleine de monde en train de discuter, de fumer et de boire de la vodka. À première vue, une trentaine de personnes, toutes revêtues du *del* et assises par terre, le long des murs. Les regards se sont tournés vers Enkhetuya, puis vers moi. La fausse note. Enkhetuya m'a indiqué un coin au fond, où aller m'installer. Une jeune femme m'a fait signe de venir à côté d'elle. Elle s'est un peu poussée pour me faire de la place. Je l'ai remerciée. Elle a souri. Je me suis assise. Sa main a tapoté mon bras, genre « Ne t'inquiète pas, tout va bien se passer ». Une grande Thermos rouge remplie de thé au lait salé est passée de main en main. L'ambiance était sereine. J'ai commencé à observer la pièce. Il y avait une sorte d'autel à gauche de la porte. Un coffre recouvert d'un tissu bleu sur lequel étaient posés des photos, des paquets de cigarettes, des bouteilles de vodka, des assiettes remplies de gâteaux et de bonbons multicolores. Les offrandes. Enkhetuya est venue me rejoindre.

Un homme est alors entré. Un silence respectueux a envahi la pièce. C'était Baltchir, le premier chamane en compétition. Tout petit, tout maigre, des cheveux noirs taillés en brosse, il avait un air malicieux qui aurait pu dire : « Je vais vous faire un sale coup... » Une assistante l'accompagnait. En *del*, mince, avec un visage revêche dont les pommettes très saillantes dépassaient son chamane d'une tête. Baltchir a salué l'assemblée. Puis a regardé les murs et a pointé son doigt vers quelque chose. Tout le monde a tourné la tête. Il désignait une photo représentant un homme en tenue de lutteur. « Une photo d'homme dans une maison attire les hommes. Pas les esprits. Il faut l'enlever. » Gogui est allée décrocher la photo. « Et une photo de cochon ? » J'avais une photo de truie allaitant ses bébés sur un calendrier accroché dans mon bureau. « À toi de mettre la photo de ce que tu veux attirer chez toi », m'a répondu Enkhetuya. Mais aucun cochon n'était jamais venu chez moi ! C'était n'importe quoi, cette histoire de photo. Tout à coup l'assemblée a poussé un « Hoooo ! », m'obligeant à interrompre mes critiques. Baltchir venait d'annoncer son défi. Il allait obliger quelqu'un de l'assemblée à tomber amoureux de lui. J'ai retenu un hoquet de surprise. « C'est possible, ça ? » Devant mon air effrayé, Enkhetuya a pouffé de rire. « Évidemment, c'est possible, tu as juste à espérer que ça ne tombe pas sur toi ! » Je n'ai pas trouvé ça drôle du tout, mais mon cerveau droit m'a vite rassurée en me disant qu'un tel prodige n'était de toute façon pas possible.

La cérémonie allait commencer. L'assistante de Baltchir l'a aidé à enfiler le costume de chamane, une sorte de *del* en peau avec un chapeau à plumes dont l'avant portait de longues franges. Puis elle lui a tendu son tambour. Enkhetuya m'a fait signe de mettre les petites boules en mousse jaune dont je me servais pour boucher mes oreilles parce que je n'étais pas encore capable d'écouter un tambour de ce type sans entrer en transe. Après un instant de concentration, juste le temps que mes mousses gonflent, Baltchir a commencé à jouer. J'avais l'image mais pas le son. Tout allait bien. Au bout d'un temps assez long, j'ai vu une jeune femme se lever, s'agenouiller aux pieds de Baltchir et ne plus en bouger. Enkhetuya m'a alors fait signe d'enlever les mousses de mes oreilles. Le rituel était terminé. J'ai pu l'interroger.

— Il a réussi ?

— Réussi quoi ?

— À rendre quelqu'un amoureux de lui !

Elle a souri en désignant du menton la jeune femme toujours à genoux devant Baltchir.

— C'est elle...

Mon œil en coin l'a détaillée.

— Elle le regarde fixement, d'accord, mais ça ne veut pas dire qu'elle est amoureuse ! Elle est certainement sa complice. En Occident, les magiciens ont toujours une complice dans le public. Si c'était moi qui m'étais retrouvée prostrée aux pieds de Baltchir, alors OK, je me serais posé des questions...

— Mais tu avais les oreilles bouchées !

— Oui mais quand même, ça ne m'aurait pas fait cet effet...

— Et l'effet du tambour sur toi, quand tu ne te bouches pas les oreilles, ce n'est pas une preuve peut-être ?

Je n'ai rien pu répondre. Elle avait raison. Raison. Ma raison devait reprendre le dessus.

— C'est le son du tambour qui me fait un effet, pas le rituel ! Le son est une vibration et de la même façon qu'une odeur peut connecter à un souvenir, elle doit sans doute pouvoir provoquer en moi un choc électrique, un court-circuit. Mais de là à faire tomber cette fille amoureuse...

Enkhetuya est restée sur ses positions. Moi sur les miennes. Quant à la jeune femme, elle a été littéralement scotchée à Baltchir jusqu'à ce qu'il fasse un rituel de « libération ». Tout le monde a applaudi. Baltchir a gagné la compétition. Et bien que je n'aie jamais pu avoir la preuve de la réussite du rituel, je n'ai jamais pu non plus en prouver l'inefficacité. Du coup, un doute s'est insidieusement glissé dans mes neurones...

Et la première fois que Marie m'a demandé de lui révéler ce rituel, j'ai répondu : « C'est un secret réservé aux chamanes. » J'ai aussi éprouvé le besoin de préciser que de toute façon, ces rituels étaient du bidon.

Je ne sais pas pourquoi j'ai dit ça. Peut-être la peur de passer pour une conne. En tant qu'Occidentale et fière de l'être, je n'avais pas le droit de croire à ces « balivernes ». Pourtant j'ai appris ces rituels. Pourtant, en France, les voyantes et autres sites de divination prolifèrent. J'adore même lire mon horoscope. Cette semaine, dans *Elle*, j'ai découvert que pour moi, côté cœur, c'était le top. *No comment*. Mais un truc a attiré mon attention. Un nouveau service. « *Est-ce le bon moment ? Quelles sont mes chances ? Quelle décision prendre ? Comment agir ou réagir ? Aujourd'hui, par SMS, le yi-king, oracle millénaire chinois, répond à vos questions, professionnelles ou affectives, en vous indi-*

quant la meilleure façon de vous comporter. Pour cela, préparez votre question. Si elle concerne l'amour, envoyez par SMS au 71... »

Pourquoi ces services ont-ils autant de succès dans un monde qui dit ne pas croire à ce genre de choses ? Que signifie ce paradoxe entre ce que l'on dit et ce que l'on pense ? Je pose mes sacs de courses par terre pour appuyer sur le bouton de l'ascenseur. Paradoxe ou pas, Marie continue de me cuisiner pour obtenir la recette du rituel interdit. Merde, l'ascenseur est en panne ! Soupir. Le tipi, au moins, est au rez-de-chaussée. Plus qu'à monter les six étages à pied.

Geste n° 11

23 janvier. J'ouvre un œil. C'était quoi ce rêve ? J'étais soulagée d'un poids. Je riais. Mais de quoi ? Pffft. Oublié, le rêve. Ou alors il avait un rapport avec ce qui m'est arrivé hier soir ?

J'étais montée sur le toit de mon appartement pour écouter le son de la nuit parisienne. Je le fais assez souvent. Je me glisse par le Velux de la cuisine, assez grand pour me laisser passer, puis je m'installe toujours au même endroit. Le dos contre le pied de ma parabole.

Il venait de neiger. La ville avait un son particulier. Un silence plus profond que d'habitude. Je voulais l'enregistrer sur mon Minidisque pour le mixer à la musique de mon album d'ethnotranse. Il en constituerait l'ambiance. Une sorte de signature sonore dont j'avais eu l'idée à Londres, où un peintre m'avait demandé de créer une musique autour de ses peintures. Pour le Turner Price. J'avais passé du temps à chercher ce que la dimension sonore pourrait apporter aux tableaux et j'avais trouvé que la seule chose impossible à entendre en les regardant était l'instant de leur création. J'avais donc enregistré ce moment de silence translucide qu'est l'inspiration, cet instant où les pinceaux frottent la toile. Où la respiration du peintre change avec les émotions qu'il est en train de vivre. Et j'avais mixé ces sons à ma composition. Lorsque le public a découvert les tableaux, la musique lui a fait faire ce voyage dans le temps jusqu'à la naissance de l'inspiration.

Sur le toit, je n'avais pas encore branché mon Mini-disque. Il devait être 1 heure du matin. Pas de lune. Le dos bien calé contre ma parabole, tous mes sens s'imprégnaient des sons, adoucis par la neige, des dernières odeurs de cuisine, mes yeux balayaient les étoiles, laissant mes pensées au repos, quand soudain une force m'a traversée. Comme une foudre à la fois douce et immensément puissante me projetant dans un espace où les lois auxquelles je pensais être soumise n'étaient plus. Mon corps est devenu un truc insignifiant. Un « rien » si vide de matière que plus rien ne pouvait l'atteindre ou l'agresser. J'ai eu alors et pour la première fois de ma vie la sensation d'être indestructible. Vraiment. C'était grandiose. Comme si en devenant rien j'avais soudain pu fusionner avec l'Univers, prendre sa forme et sa force. Mais ça n'a pas duré. Je me suis mise à rire. Il suffisait donc de devenir « rien », pour que rien ne puisse s'accrocher et faire mal ? C'était tellement simple et limpide que je n'y avais jamais pensé. J'ai fait un petit saut de chat. Pour fêter ça. Et les étoiles soudain m'ont bombardée d'une seconde évidence.

La seule chose qui pouvait m'empêcher de devenir rien, c'était ? L'ego. Voilà. Plus il était gros, plus tout pouvait s'y agripper. Peser. Faire souffrir. Il m'est apparu comme de la cellulite accrochée à mon corps. Se nourrissant chaque jour du gras produit par mes pensées. Je n'ai pas fait d'autre saut de chat. Je me suis rassise dans la nuit. Et j'ai attendu de redevenir rien pour ressentir encore une fois cette incroyable sensation de fusion et de force indestructible. J'ai attendu mon shoot d'univers. J'ai attendu. Mais rien n'est venu.

Alors, j'ai réfléchi. Cette force en me traversant avait dû dissocier ma couche d'ego d'une autre partie de moi, une autre conscience, reliée par je ne sais quelles énergies à la terre, aux étoiles, à l'univers. Peut-être l'autre côté de la bulle dont parle Enkhetuya ? En tout cas, une partie différente, légère, puissante, joyeuse, en harmonie, qui jusque-là avait été étouffée par ma cellulite-ego. Une étoile a bougé. J'ai regardé mon Minidisque. Le petit voyant rouge n'était pas allumé. Non. Il n'avait pas enregistré ce silence. Logique. L'éternité est une dame bien trop coquette pour se laisser surprendre. Comme un escargot dans sa coquille, je suis rentrée par mon Velux.

C'est curieux, l'idée du rêve de ce matin me chatouille de nouveau. Il avait un rapport avec toi. Oui. Mais lequel ?

Geste nº 12

26 janvier. Boulevard Barbès. Côté impair, m'a dit Anne. C'est la première fois que je vais chez elle. Nº 71. Elle a un truc super important à me demander. Impossible de savoir quoi. Nº 76. Le nez dans mon écharpe rouge, j'accélère le pas. Un vent glacé fait pourtant tout pour me ralentir. Déjà vingt minutes de retard. J'ai raté la station Barbès. Je lisais *Entre Nil et Seine*, un recueil d'entretiens d'Andrée Chedid avec Brigitte Kernel, le passage où Andrée parle de la façon dont elle utilise des feutres de couleur pour écrire ses poèmes. Le rouge, par exemple, fait un pont entre deux paragraphes. Une photo montrait le brouillon multicolore du poème « Terrasse ». Super émouvant. Et j'ai oublié de descendre. Dû reprendre le métro en sens inverse. Nº 83. Une boutique de téléphonie mobile. Je devrais bien changer mon antiquité. Pas le temps. Nº 85...

Enfin devant l'entrée de l'immeuble. Le code ? Oublié. Évidemment. Coup d'œil à mon portable. 8024A. Clic. Je pousse la porte. Les escaliers sont au fond du couloir. Cinq étages sans ascenseur. Non, je ne râle pas. Je suis super contente de la revoir. D'entendre ce qu'elle a à me dire de si important. De lui raconter mon dernier séjour en Mongolie, mon expérience de « rien »...

Porte à gauche des escaliers. Je reprends mon souffle. C'est là. Index sur le bouton en cuivre, bien au centre. Driiiing. J'entends un aboiement. Elle a un chien ? Elle ne m'en a jamais parlé. Ou alors je me suis trompée de porte ? Non. Anne apparaît dans l'encadrement. Et un petit chien noir vient renifler mes pieds en remuant un minuscule bout de queue. Elle me présente Prozac, son cocker américain. Je m'accroupis pour le caresser. Son poil est super doux. Pourquoi Prozac ? « Parce qu'il me fait rire », répond Anne tout en m'invitant à la suivre.

En me relevant, je remarque la bague en argent autour de son majeur gauche. Toujours là. Nous longeons un couloir jusqu'à un grand salon. Surprise. Partout où mes yeux se posent, murs, étagères, plafond, sol, s'étalent des souvenirs de « mon » Afrique. Une statue de l'antilope mythique des Bambara du Mali, envoyée par le Créateur pour leur enseigner la culture du maïs, des portes de grenier sculptées, un tissu mural représentant des rites d'expulsion des esprits du mal et même un *mugisseur* utilisé par les Narandi du Kenya. On dit qu'en le faisant tournoyer rapidement il produit un son irrégulier et strident reproduisant les voix inquiétantes des esprits des morts. Je n'ose pas demander à Anne de vérifier. Il y a aussi un masque du Mozambique représentant les esprits du mal. On les fait sortir du village en frappant le tambour. « Sorcières et sorciers sont redoutés et si possible exclus de la communauté ! » précise Anne en riant.

Nous poursuivons l'inventaire de ce qu'elle appelle sa « caverne » pendant bien plus d'une heure. Elle m'invite ensuite à m'asseoir. Je m'installe sur une chaise de chef, en face de laquelle, bien éclairé sur une étagère, je retrouve le masque dogon acheté l'autre jour au hangar. « Il était moins beau là-bas, tu as fait une affaire ! » En me jetant un regard satisfait, elle s'assied sur un tabouret ashanti du Ghana sculpté dans un seul morceau d'ébène. Je souris. Les tabourets en Afrique sont souvent considérés comme le réceptacle de l'âme de leur propriétaire...

— Tu t'es assise sur ton âme !

— Je sais, mais elle est très confortable...

Et, comme pour le prouver, elle se cale bien sur l'arc constituant le siège, les mains agrippées de part et d'autre des bords sculptés. Prozac s'installe en rond à ses pieds.

— Tu ne m'avais jamais parlé de lui !

Il part ventre à terre en aboyant. On vient de sonner à la porte. Anne se lève.

— C'est sans doute le livreur de sushis. J'espère que ça te va, je n'ai jamais le temps de faire la cuisine...

J'opine sans oser dire que je déteste le poisson cru. Cinq minutes plus tard, nous sommes devant deux barquettes en plastique pleines de sashimis et deux barquettes de riz blanc. Elle me tend un sachet contenant des baguettes. Je l'ouvre. Prozac est assis bien droit devant la table basse, très intéressé par notre installation. Anne m'interdit de lui donner quoi que ce soit. Il le sait, il ne bouge pas. Seule sa petite tête surmontée d'une houppette de poils suit chacun de nos mouvements. C'est vrai qu'il est drôle. Je prends une barquette de riz blanc. Anne est déjà en train d'avaler un morceau de thon cru. Je fais une grimace. Elle me regarde. Surprise.

— Tu n'aimes pas le poisson cru ?

Ma tête fait non. Elle sourit.

— Prends ma barquette de riz alors ! Je peux manger ton poisson ?

Je lui tends ma barquette. Elle l'ouvre. Je sors mes baguettes du sachet en papier. Aussi fines que des pinceaux.

— Au fait, tes aquarelles, elles sont où ?

Tout en piochant un morceau de saumon, elle désigne du menton un placard à gauche de la table.

— Là-dedans. Mais je te les montrerai plus tard. Parle-moi plutôt des rituels que tu viens d'apprendre en Mongolie...

Je pose mes baguettes sur la table et, en prenant soin de respecter ma promesse de ne pas dévoiler les principales clefs, je lui fais un descriptif détaillé de tous ces rituels. Je termine par celui du deuil. Elle l'écoute avec beaucoup plus d'intérêt, sa main droite posée sur la bague en argent. Ça m'intrigue. Mais son air préoccupé me dissuade de lui demander pourquoi. Peut-être un rapport avec la raison pour laquelle elle m'a invitée ? Après un assez long silence, je vois enfin sa bouche s'ouvrir, se refermer, hésiter...

— À propos du rituel de deuil, je voulais te demander...

— Oui ?

Sa main gauche caresse la tête de Prozac.

— Tu penses que ce rituel aurait pu t'aider, toi, après la mort de...

— M'aider ?

Silence. Le chien pose sa tête sur sa jambe gauche.

— Tu as aimé de nouveau depuis ?

Ma tête fait non.

— Le mot amour sonne encore un peu comme une trahison, je crois. Et toi, tu vis avec quelqu'un ?

Sa tête recule. Comme si cette question l'avait heurtée. La marque sur le coin gauche de son sourire s'accentue. Elle ressemble à de la douleur maintenant. Elle regarde sa bague. Puis moi de nouveau.

— Pas en ce moment. Mais... j'ai vécu avec quelqu'un pendant dix ans...

— C'est toi qui l'as quitté ou c'est lui ?

127

— Elle...

— Elle quoi ?

— C'était une femme. Je vivais avec une femme.

— Ah, pardon...

— Ne t'excuse pas, j'ai l'habitude...

— Si, si, je m'excuse, d'autant que...

Je ne peux continuer. Cette révélation a fait un petit choc dans mon ventre. Moi aussi, j'ai aimé une femme. Mais je n'en ai jamais parlé à personne. Même pas à Marie. À l'époque, c'est vrai, j'étais terrorisée par ce que les autres pouvaient penser de moi. Terrorisée à l'idée de ne pas être « normale ». Elle en a eu marre de mes hésitations à vivre cet amour. De ma honte à l'avouer. À m'afficher avec elle. Je prends mes baguettes. Je pourrais parler de cette expérience à Anne. Me sentir en confiance. Non. Je ne peux pas. Ce n'est pas la honte, cette fois. Question « normalité », me transformer en loup est bien pire. Des larmes font briller les yeux d'Anne soudain. Elle baisse la tête. Sa main droite serre la bague. Je me lève pour m'approcher d'elle. Envie de l'aider. Je n'ose pas. Je me rassois.

— Pourquoi ?

Son regard interroge le mien...

— Pourquoi serres-tu cette bague ?

Comme si elle avait été prise en flagrant délit, sa main lâche brusquement la bague. Elle essaye de sourire. Mais ses yeux débordent. J'attends sans oser bouger.

— Il y a les... des cendres de Sonia, la femme avec qui je vivais, dans cette bague. Elle a eu un accident de voiture, il y a quatre ans...

J'ai un nouveau choc. Nous avons un parcours tellement similaire. Puis j'éclate de rire. Un hoquet plus qu'un rire. Ses yeux m'interrogent, attendant une explication. Je m'excuse. Moi, je les avais mangées, tes cendres. Une partie en tout cas.

— Mangées ?

À son tour, elle laisse échapper un hoquet de rire. Puis s'excuse.

Je baisse la tête pour mieux me souvenir de cet instant où j'ai avalé la première pincée. Je n'ai pas réfléchi. Je devais juste faire ce geste. C'est tout. Comme un besoin de faire pénétrer ton corps en moi. L'envelopper de ma bouche une dernière fois. Le réchauffer pour le faire vivre encore un peu...

— Je n'ai pas tout mangé, tu sais... Ça craque sous la dent, les cendres humaines... À cause de l'os... Et le goût...

— Le goût ?

Je relève la tête. En riant.

— Œuf pourri... Dégueulasse !

Elle m'observe un instant. Comme pour décrypter l'état de mon cœur derrière ce rire. Et son doux sourire apparaît. Tellement doux.

— Tu vois cette coiffe, là ?

Je tourne la tête.

— C'est la coiffe du Burkina Faso dont je t'ai parlé dans le bar l'autre jour. Tu te souviens ? Elle est utilisée pour disperser les esprits ancestraux après le temps de deuil...

J'opine, sans trop comprendre où elle veut en venir. Elle soupire doucement. La marque sur le coin gauche de sa bouche s'accentue. Beaucoup.

— Je crois que je n'arrive pas à faire le deuil de Sonia...

— C'est la raison pour laquelle le rituel que j'ai appris t'intéresse ?

Elle baisse la tête. La relève. Une question semble maintenant se promener dans son regard.

— On dit que les chamanes ont la possibilité d'entrer en contact avec l'âme des morts. Tu as essayé ?

— Oui... Mais... rien. Je n'ai jamais retrouvé personne. Jamais.

Le visage d'Anne est triste soudain. Son regard s'éloigne. S'égare. Je ne peux l'accompagner où elle est. J'attends en silence. Gênée, je crois, d'assister à ce rendez-vous intime avec Sonia. Son regard finit par revenir vers moi. Son visage est blanc. Comment lui rendre sa couleur, si douce ? Ai-je le droit d'appuyer où elle a mal ? Oui ? Non ? Oui. Non. Je la regarde...

— Pourquoi veux-tu retrouver Sonia ? Tu as quelque chose à lui dire ?

Anne se fige. Ma respiration se bloque. Je n'aurais jamais dû lui poser cette question. Je regrette. J'attends. Suspendue à sa réaction. Soudain elle hausse les épaules. Comme si enfin elle cédait. Si enfin elle acceptait de laisser échapper un secret retenu de toutes ses forces.

— C'est à cause de... Je n'ai pas eu le temps de lui demander...

Des larmes commencent à déborder de ses yeux. Elle baisse la tête. Les doigts de sa main droite viennent faire tourner sa bague. La caresser. Puis elle replie son corps. La tête enfouie dans ses bras. Prozac pose une patte sur le bord de son tabouret, l'air inquiet. Les animaux sentent toujours la tristesse de leur maître. Mon chat mettait son museau dans ma main pour me dire : T'inquiète, je comprends. Je vais m'agenouiller près d'elle et, le plus doucement possible, je lui demande de me dire ce qu'elle voulait expliquer à Sonia. Silence. Silence. Lentement elle finit par redresser la tête. Ses lèvres s'entrouvrent.

— Tu vois toujours Agnès ?

J'opine. Après avoir rassuré son chien d'une caresse sur la tête, elle se lance. Un jour, en début d'après-midi, elle était en train de classer des notes sur un rituel mossi, Agnès l'avait appelée pour lui annoncer comme ça, froidement, que Sonia avait une aventure avec Agathe, sa sœur. Elles travaillaient dans le même cabinet d'architecture. Anne avait d'abord eu du mal à comprendre de quoi Agnès lui parlait. Puis à croire ce qu'elle entendait. Mais Agnès avait insisté, ajoutant qu'elle les avait même vues s'embrasser. Anne avait raccroché. Essayé de joindre Sonia. Mais n'avait pas réussi. Elle avait laissé un message sur son portable, lui demandant de ne pas se rendre directement chez leurs amis pour dîner, comme prévu, mais de passer la chercher. Elle devait lui parler.

— Peut-être que ma voix était un peu raide. Je ne sais pas. À 19 h 46 la police m'a appelée pour m'annoncer qu'elle avait brûlé un feu boulevard Magenta. Un bus avait percuté la voiture. Elle était morte sur le coup. Je n'ai pas eu la force de leur parler. J'ai raccroché. Et je me suis mise à trembler en pensant au message. Elle avait certainement compris de quoi je voulais lui parler. Son aventure avec Agathe. Elle devait penser à ma réaction en conduisant. Distraite, elle n'a pas vu le feu. C'est de ma faute. Je n'aurais jamais dû lui laisser ce message...

Son visage retourne dans ses mains. Puis ressort. Plein de larmes.

— Le plus absurde, c'est qu'Agathe a toujours nié cette aventure. Agnès n'avait pas pu les voir s'embrasser...

Prozac saute sur ses genoux. Elle le serre dans ses bras. Je ne bouge pas. L'émotion m'empêche de parler. Puis sa voix s'élève de nouveau, à peine audible.

— Si je n'avais pas laissé ce message, elle serait allée directement chez nos amis. Elle ne serait pas morte. Mon ton sur son répondeur. Tellement sec. Tout ça pour lui parler d'une aventure qu'elle n'avait sans doute jamais eue. J'ai douté d'elle, j'ai cru Agnès. Sans preuve. C'est de ma faute. J'aurais tellement voulu la retrouver pour lui demander pardon...

Silence. Le terrible silence de sa douleur. Des gouttes de pluie commencent à rebondir sur les fenêtres. Clic, clac, clic, clic. Enfin, elle redresse la tête. L'esquisse d'un sourire, un peu moqueur, apparaît au coin de ses yeux.

— Tu vois, j'ai beau être une scientifique, j'espère encore pouvoir parler à Sonia ! La douleur peut conduire à croire à des trucs tellement invraisemblables. J'ai même ressenti sa présence autour de moi après sa mort !

— Mais moi aussi, j'ai eu la même impression !

D'un revers de main, elle essuie son visage. Je lui tends un Kleenex. J'en ai toujours dans mon sac. Elle sourit. Se tourne un peu pour se moucher discrètement, une narine après l'autre. Prozac, toujours sur ses genoux, ne bouge pas. Elle met le mouchoir dans sa poche.

— Dans les années quatre-vingt-dix, un neuro-psychologue, Michael Persinger, tu connais ?

— Non...

— Peu importe, mais ses travaux suggèrent que la stimulation des lobes temporaux déclencherait la sensation d'avoir à ses côtés une présence invisible...

— Tu veux dire que la présence qu'on a ressentie toi et moi ne serait due qu'à une stimulation de nos lobes ?

— Juste une hypothèse...

— Pas très romantique, ton truc !

— En tout cas, ces aires temporales pourraient aussi être impliquées dans l'aptitude à ressentir une présence divine...

— Comme à Lourdes ?

Elle sourit franchement maintenant.

— Là encore, cette recherche n'en est qu'à ses balbutiements. Mais... tu as entendu parler de la neurothéologie ?

— Non...

Je prends mes baguettes. Besoin d'une bouchée de riz. Prozac saute des genoux d'Anne pour venir s'installer à côté de moi.

— C'est une discipline créée il y a une dizaine d'année par des neurobiologistes. Son objectif est de chercher à identifier les mécanismes cognitifs qui régissent la croyance en Dieu...

— La croyance serait un mécanisme ?

— Andrew Newberg... Tu ne connais pas non plus ?

— Non...

— C'est le pionnier de cette discipline, il est aujourd'hui directeur de la clinique de médecine nucléaire de l'université de Pennsylvanie. Eh bien, il a essayé de mettre ce mécanisme en évidence en étudiant des phénomènes de « fusion mystique » décrits lors de séances d'extase ou de méditation.

— Mais comment ?

— Grâce à l'évolution de l'imagerie cérébrale comme la technique de tomographie à émission de positrons. En 2001, par exemple, il a mené une expérience sur l'activation cérébrale de huit moines bouddhistes dans un état de méditation connu pour déboucher sur cette sensation de symbiose...

— Et alors ?

— Il a découvert que plus la méditation était profonde, plus la zone du cortex pariétal supérieur du cerveau s'assombrissait. Signe d'une chute de l'irrigation sanguine, donc d'une baisse d'activité. Son explication était que l'une des fonctions du cortex pariétal supérieur

133

est de permettre à l'individu d'effectuer la distinction entre son corps et l'environnement et donc de s'orienter dans l'espace. Ce qui expliquerait, lorsque son activité se ralentit, l'émergence d'altérations de la perception spatiale entraînant cette sensation de fusionner avec l'univers...

— C'est comme moi, sur mon toit, l'autre jour ! J'ai eu l'impression de devenir « rien » et de fusionner avec... Avec l'univers, oui, justement...

— L'état dans lequel tu te trouvais devait ressembler à celui de ces moines...

— Et l'impression de fusionner avec l'autre personne pendant les cérémonies ou de devenir un loup serait, selon toi, du même ordre ?

— Il faudrait faire une TEP de ton cerveau au moment où ça arrive...

— Mais je saute dans tous les sens ! Il faudrait déjà qu'on arrive à m'attraper...

Anne éclate de rire.

— Il existe des systèmes portatifs maintenant !

— Alors ça m'intéresse peut-être...

— OK, je peux demander à un copain neuro-psychiatre...

— Attends un peu avant d'en parler, je dois d'abord y réfléchir. L'idée de ressembler à Jack Nicholson dans *Vol au-dessus d'un nid de coucou* ne m'emballe pas vraiment...

Elle sourit.

— D'accord, j'attends ton feu vert. Mais, pour en revenir à Newberg, depuis ces constatations il a entrepris de dresser une sorte de cartographie cérébrale des mécanismes qui seraient liés à la foi...

J'avale une bouchée de riz. C'est déprimant finalement, cette histoire de chimie cérébrale.

— Mais cette cartographie ne pourra de toute façon

pas mettre en évidence si les mécanismes sont à l'origine de la foi ou la foi à l'origine des mécanismes ?

— C'est l'histoire de la poule et de l'œuf. Lequel est à l'origine de l'autre. Un jour, pourtant, les théories scientifiques et théologiques devront se mettre d'accord sur la véritable explication !

Je baisse la tête. Besoin de rassembler mes idées. Je pense à Baltchir. Au rituel pour faire tomber amoureux. Et s'il existait une zone cérébrale de l'excitation amoureuse ? Et si ce rituel pouvait, je ne sais par quelle sorte de vibration, stimuler l'irrigation de la zone cérébrale susceptible d'obliger quelqu'un à aimer ? Alors il ne serait plus magique, mais logique ! Et les autres rituels aussi ? Je repose mes baguettes.

— Tu veux vraiment que je fasse pour toi le rituel du deuil ?

Anne se lève.

— On peut essayer ! Et découvrir ce qu'il a dans le ventre ce rituel, non ?

Silence. Je ne sais pas. Je ne sais plus. Alors. Autant se lancer. Je lui donne mon accord. Un grand sourire illumine son visage. Et soudain je me mets à flipper. Oui. Mon travail de chamane vient de commencer. Tout doucement. Lentement, pour ne pas me faire peur, je réalise que tout s'organise, se met en place autour de moi, pour m'obliger à prendre les décisions qui m'acheminent inexorablement sur ce territoire tant redouté. Anne me propose un verre d'eau. D'accord. Elle disparaît. Prozac la suit. Sa petite queue bat la mesure.

Geste nº 13

25 février. Assise sur le tapis du salon je déplie la lettre du *Chasseur français*. Quarante-trois réponses à l'annonce d'Enkhetuya sont déjà arrivées. Deux étaient juste une photocopie d'une sorte de lettre type envoyée, semble-t-il, par des pros de l'annonce. Douze étaient agrémentées d'une photo du candidat posant devant sa voiture et sa maison. Les autres racontaient un parcours de vie. Souvent émouvant de solitude. Mais aucune ne répond exactement aux critères d'Enkhetuya. L'écriture de celle-là est fine et penchée vers la droite.

Bonjour, Madame,
Votre annonce hors du commun a retenu mon atten-
tion car choisir la région où vous habitez et votre acti-
vité n'est pas courant. Je suis un garçon de 66 ans. Un
mètre soixante-dix-neuf, 89 kg. Encore en activité j'ai
une petite entreprise de maçonnerie, j'habite les envi-
rons de Paris dans une maison indépendante. J'ai aussi
une voiture. Une Mégane. Un modèle tout cuir qui
devrait vous plaire. Je suis divorcé, libre et désire une
relation durable avec une jolie femme pour voyager
dans le tendre et pourquoi pas l'érotisme. Je suis peut-
être trop franc. Acceptez mes excuses. Il y a un gros

inconvénient, c'est que je n'ai pas de chat, mais un
teckel à poil dur. Si cela ne vous convenait pas nous
pourrions bien évidemment y remédier. Je ne fume pas.
Je ne bois pas. Je vous envoie une photo de la maison,
que j'espère vous me rapporterez. Une photo de vous
me ferait plaisir. Je vous vois courir la steppe à cheval
avec un fouet à la main...
   Merci et à bientôt. J.A.

   Je souris. Enkhetuya va être très contente de l'intérêt
qu'elle suscite dans le PAF ! Mais je sais qu'elle ne
pense pas sérieusement à quitter Doudgi. Elle était en
colère. Je vais ranger la lettre avec les autres dans un
tiroir de mon bureau. En l'ouvrant je vois l'autre pile
de courrier. Celui des lecteurs.
   Après mon premier livre, relatant mon expérience en
Amazonie, on me demandait essentiellement les coordonnées de Francisco, le chamane auprès de qui j'avais
étudié. Avec le second, c'est différent. On s'adresse à
moi en tant que chamane. Dix lettres encore cette
semaine. Autant de petits appels au secours auxquels je
ne peux répondre que « Désolée, mais j'en suis incapable ». Soupir. J'aimerais tellement pouvoir vous aider.
Pouvoir comprendre à quoi sert tout ce que je vis, toutes
ces perceptions. Savoir si elles ont un effet. Re-soupir.
Dans ce but, j'ai commencé des tests à Paris. Sur des
personnes ayant accepté d'être « cobayes ».
   Une fois en transe, mes mains, comme en Mongolie,
se mettent à faire un « travail ». Des gestes que mon
mental ne contrôle plus, mais qu'une autre force
contrôle. Elle dirige mes mains pour rétablir je ne sais
quoi. Difficile à expliquer. J'ai la sensation de plonger
dans l'envers de la personne. De ressentir tout ce qu'il
y a en elle. Mes yeux ne voient plus son apparence,
mais une espèce d'univers sous forme de boules blan-

ches, de couleurs, de nébuleuses avec des formes qui se déplacent ou sont plus ou moins « bloquées ». Mes mains agissent alors sur les parties bloquées. Comme pour les extirper. Les fluidifier. Et rétablir une sorte de circulation énergétique. Parfois des sons se mettent à sortir de ma bouche. Ou des mélodies. Je les souffle sur ces blocages pour les faire fondre. Il m'arrive aussi de les souffler dans les formes creuses que je vois pour les « remplir » de ces sons.

Mes impressions sont différentes d'une personne à l'autre. Comme si chacune avait son univers propre. Une sorte d'empreinte en 3D à laquelle serait ajouté un paramètre interactif lui donnant la possibilité de réagir à son environnement.

Le premier volontaire était atteint d'épilepsie. Pendant la cérémonie, mes mains ont beaucoup travaillé sur sa tête. Exactement à l'endroit où des examens médicaux, je ne l'ai su qu'après, avaient révélé la zone épileptique. Il m'a appelée la semaine dernière pour m'annoncer que, d'après un nouvel électro-encéphalogramme, cette zone avait complètement disparu. Le médecin n'en croyait pas ses yeux. Il a refait l'examen pour vérifier. Le tracé était normal. Juste un peu ample, mais n'indiquant plus en rien l'existence d'une zone épileptique.

Il y a aussi eu cet ami souffrant d'une dépression grave. En lui, j'ai ressenti un véritable chaos. Une espèce de magma en désordre. Triste et lourd. Très lourd. J'ai eu l'impression que mes mains agissaient comme si elles voulaient remettre un peu d'ordre là-dedans. En sortant de la transe, j'étais épuisée. Vidée. Lourde et triste. Un peu comme si j'avais intégré son état en moi. Il m'a fallu quinze jours pour m'en remettre. C'était super désagréable mais très intéressant parce que je n'avais jamais ressenti un tel état. Et, pour la première fois de ma vie, j'ai réalisé qu'il ne suffisait pas aux gens souffrant de dépression profonde de se nourrir de pensées « positives » pour s'en sortir. Autant demander à un dix tonnes de voler...

J'ai aussi compris pourquoi Enkhetuya me conseillait de ne pas travailler sur des personnes trop difficiles. Il y avait un véritable danger pour moi. Tant que je ne saurais pas me protéger du moins. Mais, à part : « Les esprits t'enseigneront », elle ne m'a pas dit comment y arriver.

Pendant le rituel, cet ami s'est mis à pleurer. De gros sanglots. Il m'a rappelée ensuite pour me dire qu'il avait eu des crises de larmes tous les matins en se réveillant, pendant environ deux semaines, et qu'il avait dormi comme il n'avait jamais dormi. Jusqu'à seize heures par jour. Cette période passée, il avait enfin eu l'impression d'une nouvelle sensation de circulation, de mouvement dans son corps. « Comme si des digues avaient sauté », selon ses propres mots.

Pour Laetitia il est évidemment impossible de conclure à une relation de cause à effet entre les cérémonies et l'état de ces personnes. Difficile aussi de donner une explication.

Hier soir, j'en ai parlé avec Anne. Nous étions invitées à une fête chez Valérie, la sociologue. Comme ni elle ni moi n'avions très envie de danser, nous sommes allées nous poser dans le bureau de Valérie avec un verre de médoc, et je lui ai fait un résumé des effets « secondaires » décrits par mon copain dépressif.

— Une sensation de circulation, mais où ? m'a-t-elle demandé.

— Il n'a pas été plus précis. C'est difficile pour lui à exprimer...

Anne a réfléchi.

— Des recherches récentes menées à Sainte-Anne ont permis de voir que, dans la dépression, certaines

139

régions du cerveau ne fonctionnent pas. Et quand on administre un antidépresseur, une partie des cellules inactives sont restimulées...

— Restimulées ? Comme si les échanges cellulaires étaient rétablis ?

— En quelque sorte...

— La sensation de « circulation » ressentie par mon copain pourrait être du même ordre ?

— Difficile à dire. Et les autres, tu as eu des nouvelles ?

— Tous disent avoir éprouvé pendant le rituel une sorte de grande communion entre eux et moi. Quant aux réactions les jours suivants, elles sont variables. Certains ont ressenti un grand bien-être et plein d'énergie, d'autres rien du tout. Et ceux souffrant de pathologies ont, comme mon copain, pleuré énormément, éprouvé une énorme fatigue et dormi beaucoup plus que d'habitude...

— Eh bien, si ton « pouvoir » n'a aucun effet antidépresseur, il a au moins l'air de fonctionner comme somnifère !

J'ai haussé les épaules. Elle a éclaté de rire et failli s'étrangler avec la gorgée de vin qu'elle venait de boire. J'aime bien la façon dont elle se moque de moi. La façon dont son visage réagit à l'énoncé de mes perceptions. Il n'exprime jamais aucun étonnement. Les yeux légèrement plissés, aussi concentrés qu'un aigle survolant son territoire de chasse, sans commentaires, sans jugement hâtif, elle semble tout simplement analyser mes informations comme les pièces d'un puzzle. Cette attitude me surprend toujours. Mais en même temps me rassure. Elle me rappelle mes petites panthères à qui je racontais aussi tous mes secrets sans qu'elles soient le moins du monde étonnées.

J'allume mon ordinateur pour consulter mes e-mails. Plein de spams. Non, je ne veux pas lire ces pubs pour du Viagra ou des sites porno. Vingt-deux en tout. Une pollution. Hop, poubelle. Ah ! Un mail de Laetitia. Elle me transmet un courrier reçu à mon attention sur sa boîte. Ça arrive souvent. Les lecteurs trouvent plus facilement son adresse électronique que la mienne. Ils lui demandent de bien vouloir me transmettre leur courrier. Ce qu'elle fait, sans autre commentaire.

Chère Madame,
En premier lieu, veuillez excuser ma démarche peut-être un peu étrange, j'en conviens, mais dictée par l'urgence. Je suppose que vous recevez déjà un courrier abondant, je serai donc un peu brusque et irai droit au but.

J'ai trente-quatre ans, je suis chercheur à l'université et suis atteinte d'un cancer du poumon dépisté il y a un an et demi. Depuis, je résume, les « hasards » se sont enchaînés aux « hasards », aux signes, aux rencontres sur ma route, changeant ma vision de la vie, totalement.

C'est là que je sollicite votre aide en tant que chamane. Je n'ai plus peur de rien et souhaite juste savoir, comprendre un certain niveau de réalité. Mon cœur est ouvert et je sens que quelque chose se joue pour moi d'essentiel.

Je joins mes coordonnées à cette lettre, en espérant que vous y serez sensible et accepterez de bien vouloir me répondre.
Bien sincèrement, Sylvie N.

Je ferme les yeux. Comme pour effacer les mots *Je n'ai plus peur de rien.* Des larmes se mettent à couler. Toi aussi, tu avais prononcé ces mots. Je les avais même pensés. Après ta mort. Un peu comme si ton décès, en me libérant de ma peur de mourir, m'avait libérée de celle de vivre. Je pouvais tout oser. Tout tenter puisque je me foutais des conséquences. Cette absence de tout attachement m'avait fait découvrir un incroyable sentiment de liberté. Aujourd'hui j'ai perdu ce pouvoir. Pardon, Sylvie. Mais si vous n'avez plus peur, moi j'ai peur. Je suis faible. Vulnérable. Verte de trouille face à ce que vous me demandez. Face à ce que Marc m'a demandé...

Une nouvelle tache est apparue sur son poumon gauche. Il veut de l'aide. Mon aide. Et s'est porté volontaire pour une cérémonie.

Volontaire.

Savez-vous seulement ce que ça veut dire ? Comment pouvez-vous avoir confiance en moi ? Je ne maîtrise absolument rien. Les larmes coulent. Non. Je ne savais pas en acceptant de suivre l'enseignement d'Enkhetuya que le plus difficile serait de représenter le dernier espoir de ceux qui n'en ont plus.

Marc a vraiment insisté l'autre jour. Il affirmait ne rien risquer puisque rien d'autre n'avait marché. Je lui ai demandé de ne pas m'en vouloir. J'avais besoin de temps pour réfléchir. Il a haussé les épaules.

— De temps ? C'est vrai. Toi, tu en as encore devant toi...

J'éteins mon ordinateur. Besoin d'un Bounty. D'un truc sucré pour adoucir ma conscience. Direction le congélateur. Je les préfère glacés. Sur le chemin je réfléchis. Lors de cette soirée chez Valérie, Anne m'a aussi fait part de ses réflexions sur les rituels. Elle avait essayé de découvrir en quoi ils pouvaient « réparer » les humains. Du point de vue de l'analyse des mécaniques de la psychologie humaine en tout cas. J'ouvre la porte du congélateur. Plus de Bounty ? Ah si, juste un. Je le prends. Il est bien dur. Je referme la porte.

Avant la cérémonie, le chamane discute avec la personne venue le consulter, elle lui raconte sa vie et pourquoi elle est venue le voir. C'est un peu le travail d'un psychologue. Premier intérêt du rituel. Je m'assois sur le tapis du salon pour déchirer le papier bleu et blanc. L'odeur de chocolat chatouille mon cerveau primaire. Le rassure.

Le chamane fabrique ensuite un *ongot* censé représenter le problème du consultant. Ce problème, jusque-là abstrait, devient donc concret. Il est là, devant lui. Il peut le toucher et ainsi psychologiquement mieux l'éliminer. Deuxième intérêt du rituel.

Puis le chamane met le « problème » sur l'autel de la cérémonie. Il dit au consultant que si son problème est là, devant lui, c'est qu'il a fait une erreur dans sa vie et vexé un esprit. Pour calmer l'esprit mécontent, il va devoir lui faire des offrandes. Or ce geste, en permettant au consultant de réaliser qu'il peut lui-même faire quelque chose pour guérir, va le faire passer du statut de victime du problème à celui d'acteur de sa guérison. Sa vision de lui-même, de ses capacités, va donc commencer à changer, à évoluer. Troisième intérêt du rituel. Mes dents mordillent la coque en chocolat du Bounty. Ma technique gourmande préférée.

Après avoir donné les offrandes, le consultant demande à l'esprit de bien vouloir lui pardonner. Mais ce n'est pas l'esprit qui va pardonner. C'est lui qui, en « payant » sa dette avec les offrandes, va se pardonner ce qu'inconsciemment il se reproche d'avoir fait. Quatrième intérêt psychologique du rituel.

Le chamane enfile ensuite le costume de cérémonie. Ce costume, en lui conférant un statut de messager des esprits, de « surhumain », va permettre au consultant

143

d'avoir davantage confiance en lui. Ici on dirait, plus une personne a confiance en son thérapeute, plus elle a de chances de guérir. Cinquième intérêt psychologique...

Puis le chamane demande aux esprits la raison de l'existence du problème. Donc ce que le consultant, ou l'un de ses ancêtres (ce qui serait déjà une notion de la psychogénéalogie dont la théorie et l'étude clinique ne remontent en Occident qu'à seulement une cinquantaine d'années), a fait pour les vexer. Les raisons données par les esprits au chamane peuvent être très surprenantes. Genre : « Tu as fait trois fois le tour de la *ger* », ou : « Ton ancêtre a mangé la viande d'un animal volé... » Mais peu importe que cette raison paraisse sérieuse ou pas, parce que sa fonction « réparatrice » réside uniquement dans le fait de donner au consultant l'acte d'identification du problème, donc le diagnostic nécessaire au processus de réparation. Sixième intérêt du rituel.

Avant-dernière étape, le chamane « purifie » l'*ongot* représentant le problème. Or, en le purifiant, il élimine son « pouvoir » néfaste pour le transformer en un nouvel allié de la personne. Le processus de reprise de confiance est du coup renforcé. Septième intérêt.

Dernière étape de la cérémonie, le chamane donne au consultant des grigris protecteurs pour lui et sa maison, ce qui va encore renforcer le processus de reprise de confiance. Huitième intérêt...

Voilà. Voilà pourquoi Anne m'a dit qu'elle commençait à se demander si le rituel, grâce au rétablissement de ce capital confiance, n'avait pas effectivement un pouvoir « réparateur ». En tout cas sur la part psychologique reconnue comme pouvant être l'élément déclenchant, à l'origine d'une maladie. Et à condition d'y « croire », bien sûr, a-t-elle précisé. En fait, les chamanes auraient compris depuis longtemps que l'humain ne

peut résoudre facilement ses problèmes dans l'abstrait.
Et que représente le fait d'aller « interroger les esprits »,
sinon de mettre au jour un problème enfoui en le faisant
passer du monde des esprits à celui de l'humain ? De
l'abstrait au concret...

— Ou de l'inconscient au conscient ? ai-je demandé.

En riant, elle m'a laissé la responsabilité de cette
analyse.

— Mais je commence à comprendre pourquoi Jung
disait que tout bon psychothérapeute devait être un peu
chamane !

J'avale le dernier morceau de Bounty.

Geste n° 14

12 mars. Je caresse la grosse coquille de Baveux, mon escargot. Il se recroqueville. Je l'ai trouvé avant-hier. Il prenait le frais après la pluie, sur un banc du boulevard de Clichy. Je l'ai installé dans une boîte à chaussures avec une feuille de salade.

Il est dessus. J'aime bien l'observer. Au moins il y a un animal plus lent que moi dans cet appartement. Vingt ans, minimum, m'a dit Enkhetuya. Vingt ans pour développer mes perceptions de chamane. Je sursaute. Mon téléphone vient de miauler. Où il est ? Dans mon bureau. Si le numéro est masqué, je ne réponds pas. 06 16 27 28 71. C'est Patrick. Il m'appelle sans doute pour me parler de sa dernière conquête. Décharge d'adrénaline. Ou de Jeanne ? Je pense à la vibration désagréable. Non. Elle allait très bien aux dernières nouvelles. Pas de raison que ça change. J'ouvre le clapet. Inquiète quand même.

— Patrick, ça va ? Et Jeanne ?

— Mais qu'est-ce que t'as à toujours me demander de ses nouvelles !

Silence. Pas question de répondre.

— Tu voudrais pas un cochon ? continue Patrick.

— Un cochon ! T'es dingue, pour quoi faire ?

146

— Une de mes ex en a gagné un à la Foire du Trône, mais comme elle cherche un mec, c'est pas le moment d'adopter un cochon ! C'est un cochon nain, super mignon...

— Mais non, je ne veux pas de cochon ! Même nain...

Je fronce les sourcils. Un doute soudain. Je demande à Patrick de patienter. Le temps de jeter un œil à mon calendrier avec la photo de la truie. Toujours là, accroché à gauche de mon bureau. Cette histoire mongole de photo qui attire chez soi le sujet de la photo ne serait quand même pas en train de se réaliser ? Je le mets à la poubelle. Schlac. Voilà.

— Patrick, t'es toujours là ?

— Oui, qu'est-ce que tu foutais ?

— Un truc. Mais dis-moi... Pourquoi tu as pensé à moi pour le cochon ?

— Je sais pas... Ah, si ! J'ai vu le calendrier avec la truie dans ton bureau, alors j'ai pensé que tu aimerais peut-être en avoir un vrai...

J'éclate de rire. Décidément toute magie a sa logique. Ou toute logique sa magie ? Le plus difficile étant de la trouver.

— Et tu m'appelais juste pour le cochon ?

— Oui, enfin non... Marc m'a dit qu'il était passé te voir ?

Grimace. J'avais oublié que Patrick était le meilleur copain de Marc. Ils étaient dans la même classe de violon au conservatoire. Mais Marc a abandonné après avoir commencé la fac de droit. Et piqué la petite amie de Patrick. Il ne lui a plus adressé la parole pendant huit mois. Puis Patrick a rencontré Jeanne. Ils sont redevenus cul et chemise.

— Oui... Et alors ?

J'attrape mon Bic noir sur le bureau.

— Il m'a dit que tu ne voulais pas l'aider...

147

Je commence à dessiner des traits parallèles sur le coin d'une enveloppe vide.

— Je ne peux pas...

— Mais à quoi ça sert d'avoir une copine chamane, alors ! T'es chiante de pas assumer. Ça doit pas être si difficile quand même. Si t'étais avocat, comme Marc, tu serais bien obligée de plaider tous les dossiers, même ceux apparemment sans espoir !

— Je voudrais bien t'y voir, tiens...

J'attaque l'autre coin de l'enveloppe. Deux traits, trois, quatre. Un carré.

— T'as la trouille, oui !

Deux carrés. Trois. Quatre. Cinq. Oui, j'ai la trouille. En Mongolie, les gens au moins sont conscients de leur part de responsabilité dans un problème ou une maladie. Avec le chamane, ils font un travail ensemble. Un don dans les deux sens. Ici, le chamane est comme un antibiotique. On l'avale et on attend qu'il réussisse le travail pour lequel on l'a payé. Risque pas de marcher.

— Tu sembles pourtant avoir un don et c'est vraiment bête de ne pas oser t'en servir pour le mettre au service des autres ! Comme le môme de seize ans, tiens, Little Bouddha, tu as vu le reportage à la télé l'autre jour ?

— Oui, mais quel rapport avec moi ?

Je remplis de noir un carré sur deux.

— Ben aucun justement ! Lui au moins, il assume. Six mois qu'il est assis sous un arbre sans boire ni manger. Tout simplement parce qu'il est poussé à le faire. Alors pourquoi pas toi ?

La gorge nouée, je pose le stylo. Impossible de répondre. Patrick continue. Mais sa voix de basse prend soudain la tonalité d'un loukoum. Mauvais signe...

— Le cancer de Marc te rappelle celui de... Enfin, ce que tu as déjà vécu, c'est ça ?

Silence.

— Tu t'en veux de ne pas avoir pu l'aider ?

— Non ! Je ne savais pas que j'étais chamane...

— Mais maintenant tu le sais !

Je pense à Enkhetuya. À sa simplicité face à son devoir de chamane. Pour elle, c'est juste un métier. Point. Pas de quoi se prendre la tête. Patrick enchaîne :

— Il faudra bien qu'un jour tu arrêtes de t'en vouloir. Et Marc serait peut-être l'occasion de...

Je ferme les yeux. J'ai peur. Tellement peur de devoir une fois de plus être confrontée à cette maladie. Ou de découvrir que mes « dons » auraient peut-être pu t'aider...

— De toute façon, je ne sais même pas ce que je fais. Comment je pourrais aider quelqu'un...

— Pourquoi tu continues à faire des cérémonies alors ?

Touchée. Coulée. Il a raison. Pourquoi je continue ? Pourquoi les faire si rien, vraiment rien en moi, ne me fait penser qu'elles peuvent avoir un effet ?

— Laisse-moi tranquille avec ça...

Je ferme le clapet. Je regarde le damier dessiné sur l'enveloppe. *Game over ?* Non. La partie est loin d'être terminée. Je repense à Little Bouddha. À sa détermination, plus forte que tout. À la mienne, en chute libre. Patrick a raison. Je ne suis qu'un... qu'un little Bouddhin.

Je vais voir mon escargot. Lui au moins accepte sa condition. Pourquoi ai-je tant de mal à accepter ce statut de chamane ? Tout ce que je ressens pendant une cérémonie sert bien à quelque chose, non ? Mais d'où vient cette énergie ? En tout cas, elle ne vient pas de moi. Je ne fais que la transmettre. Je suis comme le voyant orange de ma bouilloire, je m'allume quand elle passe, ou comme un téléphone portable par lequel transitent des informations. Sourire. D'ailleurs je suis abonnée à Orange...

Enkhetuya a compris tout ça. Peut-être parce qu'elle ne vit pas comme moi dans un confort douillet, complètement isolé de la nature. Les conditions climatiques extrêmement difficiles auxquelles elle est confrontée la ramènent sans cesse à sa précarité. À sa fragilité. À sa véritable dimension. Face à cette nature tellement plus puissante, elle n'a pas la naïveté de croire qu'elle est la plus forte et ne peut faire enfler son ego, comme je le peux à Paris, face à... face à mon basilic ! Du coup elle n'a pas l'orgueil de croire que le chamane a le « pouvoir » de tout contrôler. Mais juste celui d'offrir les fonctions de transmetteur d'énergie, d'informations ou de je ne sais quoi dont il est doté, à celui qui le demande. Voilà pourquoi elle aurait accepté avec humilité de devenir orange pour « passer » l'énergie à Marc. Moi, je refuse parce que j'ai l'orgueil de croire que je peux aggraver son cas. Or avoir peur d'échouer, c'est penser qu'on a le contrôle.

Je ne l'ai pas.

T'es d'accord, Baveux ? Ses yeux en forme d'antennes se rétractent. Le son de ma voix lui a fait peur ? Non. Ça n'a pas d'oreilles un escargot. Elles seraient où d'abord ? T'as des oreilles, Baveux ? Il rentre dans sa coquille. Soupir. Moi, c'est la voix de Marc qui me fait rentrer dans ma coquille. Re-soupir. Il est tellement difficile d'ouvrir les bras quand la peur vous ordonne de les fermer. La peur de se tromper. La peur d'en souffrir. La peur d'être jugé. J'ai pourtant cru bien faire en fermant les bras à Marc. J'ai cru le protéger de moi. Erreur. Personne ne peut savoir ce qui est bien, ce qui est mal, pour l'autre. Il y a toujours du blanc dans le noir, du noir dans le blanc. Le gris est-il la couleur de cette vie ?

En fermant les bras, j'ai juste réussi à enfermer mes peurs en moi. Ce sont elles que je protège. Et maintenant elles se retournent contre moi. Elles me grignotent toute crue. Aussi lentement et sûrement que Baveux, de nouveau étalé de tout son long, grignote sa salade. La bonne attitude aurait été d'ouvrir les bras.

Comme on ouvre une cage, mes peurs se seraient envolées. Je vais chercher une autre feuille de laitue. Il suffirait donc d'ouvrir les bras, d'offrir humblement et sans réfléchir ses capacités, pour être un chamane en paix ? Haussement d'épaules. Trois ans. Il m'a fallu trois ans pour le comprendre. Je suis encore plus lente que toi, Baveux. Je dépose la feuille dans sa boîte à chaussures. Demain je vais t'emmener dans les jardins du Sacré-Cœur. Tu mérites une plus belle vue que ces murs en carton. Bon. Besoin de shooter mes oreilles pour retrouver le courage de continuer la partie. Musique de remise en route ? Oui.

L'*Helikopter Quartett* est le remède idéal. Cette musique a été composée par Stockhausen en 1992 à la suite d'un rêve où il avait vu les musiciens d'un quatuor à cordes jouer en plein vol dans quatre hélicoptères. CD en place. Piste de décollage. Le tapis bleu du salon fera l'affaire. Trois deux un. Volume à fond. Pieds nus, je monte sur le tapis. Les pales des rotors des hélicoptères commencent à tourner. Vibratos du quatuor à corde. Je tourne sur moi-même. Les bras en position de vol, je change de réalité. Les quatre hélicoptères prennent de l'altitude. Décrivent des cercles au-dessus des spectateurs. Hop, stabilisation devant le coffre mongol. Début des trémolos du quatuor. Ils s'harmonisent avec les rythmes et les timbres des pales des rotors des hélicoptères devenus instruments de musique. J'attrape le pot dans lequel j'ai placé la réserve d'encens. Une poudre verte confectionnée à partir de feuilles de genévrier.

Glissando du violon. J'en verse l'équivalent de deux dés à coudre dans un petit bol mongol en bois recouvert d'argent ciselé. Je l'enflamme à l'aide du briquet jaune. Les hélicoptères varient individuellement leur altitude de vol. Un glissando du violoncelle. Un de la contrebasse. Ils s'enlacent. Oui. Et si un jour l'amour était de retour dans ma vie ? J'aurais peur aussi ? Les glissandi des quatre musiciens se superposent aux sons des rotors. De la fumée s'élève, libérant une odeur de résineux particulière aux cérémonies. J'inspire. J'inspire. Je vois mes peurs se matérialiser. S'envoler. Trémolos de l'alto. Hé, vous, là, les esprits, vous voulez les attraper ? Les détruire ? Perte d'altitude. Les hélicoptères atterrissent. Pas de réponse. Jamais là quand on a besoin d'eux, ceux-là. Les musiciens et les pilotes descendent de l'appareil. Le rythme des rotors ralentit. Je touche ma clavicule. Silence. Je voudrais être le silence qui suit la musique. Riche d'elle sans subir sa contrainte. Le fond libéré de la forme. Du désir. De la peur. Volume à fond. Les pales des rotors des hélicoptères commencent à tourner. J'ai programmé la chaîne pour jouer le morceau en boucle. Besoin de m'envoler encore.

De redevenir « rien » pour ne plus souffrir, comme l'autre soir sur le toit de mon appartement. Je n'ai plus jamais ressenti cet état de fusion lié à... L'infini ? À une chute de l'irrigation sanguine dans la zone de mon cortex pariétal supérieur entraînant l'émergence d'altérations de la perception spatiale ? Peu importe finalement. Je voudrais juste revivre cette sensation de fusion totale où « je » disparaît. J'ai eu la chance du débutant parce que je ne m'attendais à rien. Mes défenses n'étaient pas en place. Depuis, elles le sont. Ma peur de perdre le contrôle a dû fermer les portes de cet état ressenti l'espace d'un instant. La peur est le principal obstacle, c'est vrai. Tout ce qu'il me reste de cette expérience est la conscience qu'il ne tient qu'à moi d'en rouvrir la porte. Le rythme des rotors ralentit. [Ta respiration aussi.] Comme on tourne un bouton, j'ai éteint ta musique. Silence. Je me souviens du silence après ton dernier souffle. L'avoir provoqué m'a fait tellement mal que souvent, la nuit, je rêve de lui. Il me poursuit, ce dernier souffle. Comme une menace énorme. Je fuis à perdre haleine. Il est juste derrière moi, il va me rattraper, il veut mon dernier souffle. Je me réveille en sueur et je jure de ne plus jamais arrêter une musique avant son dernier souffle. Souffle ?

C'était ça le rêve de l'autre jour. Il vient de revenir à la surface. Je courais. Le dernier souffle était encore derrière moi. Mais au lieu de fuir, pour la première fois, je me suis retournée. Et bien en face, je lui ai soufflé ma peur dans la gueule. Aussi fort et violemment qu'elle était immense dans mon ventre. Le dernier souffle a disparu en absorbant ma peur.

Comme un acide, elle l'a détruit. Un fou rire a remplacé le vide qu'occupait la peur dans mon ventre. La peur pouvait donc devenir une arme si on décidait de ne plus la subir ?

Je remets le CD dans sa boîte. Après l'avoir remercié pour la leçon de vol.

Geste n° 15

24 mars. Je raccroche. Marc n'en revenait pas. Il n'a cessé de me remercier. Je lui ai proposé de faire une cérémonie le quinzième jour du mois lunaire, fin mai, juste après mon retour de Mongolie. J'y retourne avec une photographe. La rédactrice en chef d'un magazine féminin m'a demandé de faire un portrait de cinq femmes chamanes. Dix feuillets pour la rubrique « Femmes du monde ». Je suis super contente. Et je vais pouvoir donner son courrier à Enkhetuya. Lui demander des conseils pour la cérémonie de fin mai. Tout me semble beaucoup plus simple depuis cette décision. Sourire. Je ne sais pas si c'est une conséquence mais...

La vie m'a encore fait une surprise.

Le plus drôle, c'est que je ne l'ai pas vue arriver. Je n'ai même pas été capable d'au moins renifler un air différent, un silence annonciateur. Jusqu'à ce que le ciel me tombe vraiment sur la tête. Tu parles d'une chamane.

Ce soir-là, au moment où je franchissais le seuil, j'ai senti sa main se poser sur mon épaule. Sans me retourner, j'ai mis une main sur cette main. Elle était chaude. J'ai froncé les sourcils. Mon ventre le ressentait. Comme un titillement. Un souffle pouvant indiquer...

Oui, une fissure quelque part. La porte a fait un petit clic derrière moi. Pas plus sonore que le clic annonçant l'ouverture d'un coffre. L'instant zéro d'un processus. J'ai frissonné. J'ai senti l'écho de sa voix, un peu serrée sur certains mots, résonner dans mon corps, trouver un chemin inconnu, caresser la fissure. La faire vibrer. L'agrandir. L'ouvrir...

Et j'ai su. Sans savoir pourquoi je savais. Que le sens caché du chemin pris par ma vie, le chemin vers lequel tout me forçait à converger était là.

Je suis amoureuse.

De qui ? Je voudrais tenir encore un peu son nom secret. Le temps de lui avouer mes sentiments. Pas osé encore. Il faut dire que je ne pouvais pas trouver plus compliqué comme contexte. À croire que je le fais exprès. Du coup les « Je suis folle de toi » que je m'apprête à lui dire à chacune de nos rencontres n'ont jamais franchi la frontière de ma glotte. Pas nouveau, remarque, j'ai toujours été incapable de communiquer mes émotions par les mots. La musique est vraiment mon seul moyen de dire ce que je suis. D'ailleurs, quand je donnais des concerts, j'adorais ce moment où j'arrivais sur scène. Le dos encore dans l'obscurité des coulisses, le visage déjà tourné vers le public. J'avais l'impression de lâcher l'ombre des mots pour embrasser la lumière des regards. Je m'asseyais au piano. J'écoutais le silence se mettre à galoper, éteignant les dernières toux, les derniers chuchotements. Puis je commençais à jouer. À raconter mon histoire sans paroles. À la qualité de l'écoute, je savais que ma langue invisible commençait à toucher les cœurs. Il n'y avait soudain plus de séparation, plus de vide entre le public et moi. Mais une circulation d'émotions. Un échange intense. Jusqu'à la dernière note, que je ne quittais pas des yeux pour lui

155

laisser le temps de fermer en douceur cet espace magique...

Haussement d'épaules. Donc, je ferais mieux de lui composer une chanson ? *Tu es le sens caché / du chemin pris par ma vie / L'amour vers lequel tou-out / me force à converger.* Non. Ouvrir les bras. Libérer mes peurs. Et parler face à son regard. Bon.

Je vais prendre une douche. Rendez-vous avec Marie. Elle a un problème dont elle n'a pas voulu me parler au téléphone. Elle semblait vraiment flipper. Je m'y attendais un peu, il faut dire, vu son comportement depuis quelques semaines. Mais j'étais trop occupée avec mes propres problèmes pour prendre le temps de lui poser des questions. Pas sympa. Elle est toujours là, elle, quand j'ai besoin d'aide. Il me reste deux heures. Tout va bien, elle habite boulevard des Batignolles, à côté. L'eau chaude me détend. Me ramollit. Je fonds. En pensant à...

Toi ?

C'est drôle. Pour la première fois j'ai envie d'appeler Toi une autre personne que toi. Pour la première fois je réalise à quel point je redoutais ce moment. Et à quel point il me semble évident, naturel aujourd'hui, d'avoir envie de partager ce Toi avec une autre personne que toi.

Mais toi, mon bel amour, tu veux bien, qu'une autre personne que toi s'appelle Toi ? Sourire. Sans te « diviser » pour autant. Tu le sais d'ailleurs. Voilà un mystère de notre espace-temps. Pouvoir aimer deux personnes d'un amour toujours plus fort sans diminuer la part de chacun. Oui. Maintenant je le comprends. L'amour échappe à la notion des vases communicants. Plus il y en a, plus il y en a. Partageable à l'infini, il reste infiniment indivisible. Je mets du shampooing dans mes cheveux, dans mes yeux. Merde, ça pique. Je me rince.

156

Je n'imaginais vraiment pas qu'un jour je pourrais aimer de nouveau. Picotements dans le ventre. Effleurer sa peau provoque des trous d'infini dans mon ventre. Et son visage. Ce visage à la fois hautain et doux, puissant et fragile, plein de contrastes, m'émeut tellement. Mouais. Il faudra bien que je me décide à lui parler. Je sors de la douche. J'enfile mon peignoir. Quel temps fait-il ? Coup d'œil au Velux installé juste au-dessus de mon lit et grâce auquel je peux me coucher et me réveiller en regardant le ciel. Un plaisir découvert dans le tipi d'Enkhetuya, où le trou à fumée m'offrait ce panorama.

Le ciel est bleu. Pas un seul nuage. Génial. Je vais m'habiller. Évaluation de la penderie. Des étagères. Je sors quatre chemises et trois jeans pour les étaler sur mon lit. Tic-tac-tic-tac. Le choix est fait. Un jean brun, une chemise noire, des santiags en croûte de cuir brun à haut rose bonbon. Il manque un truc. Retour à la penderie. Voilà. Et une large ceinture en fourrure noire et aluminium. Parfait. Coup d'œil à la pendule. Encore une heure avant de partir. Je vais dans mon bureau. Je passe devant le coffre mongol, je m'arrête. Une idée, soudain...

Le miroir.

Cette année Enkhetuya m'a appris la technique de divination à laquelle il sert de support. Il faut placer son index au centre en prononçant le signe chinois de la personne venue le consulter et observer sa surface. Évidemment je n'ai jamais rien réussi à voir, mais je pourrais réessayer ?

J'ouvre le coffre. Je cherche. Le disque de cuivre est là. Je le prends dans ma main. Il est froid. Je le réchauffe. Un doute surgit. Force quatre. Je ne sais pas si on peut faire de la divination pour soi-même. Pas posé la question. Celle-là pourtant était utile. Bon. Je caresse mes sourcils. Je vais quand même poser mon doigt au centre du miroir. Oui. Oui mais. Ce que je vais « voir » sera peut-être juste une invention de mon cerveau ? Une projection de mes désirs ou de mes craintes ? C'est la principale difficulté, m'a dit Enkhetuya. Vouloir connaître son avenir est juste une façon d'échapper aux doutes présents dans le présent. Plan B, toucher ma clavicule. M'appuyer. Allez, courage, qu'est-ce que je risque après tout ? Tout ! Tu imagines, si pour une fois je voyais quelque chose ? Mon avenir, OK, mais sans *Toi* ! Non. Plan C, je vais voir mon basilic.

T'en penses quoi ? Pas de réponse. Je dois oser ? Pas de réponse. Donc tu t'en fous ! Oui. Lui au moins sait me ramener à l'importance des choses. Comme les oiseaux, d'ailleurs. Le jour de ta mort, ils ne se sont même pas arrêtés de chanter. J'ai trouvé ça révoltant. Mais comment se révolter contre « ça », ni juste ni injuste, juste dans l'ordre des choses. Engager un avocat pour les obliger à faire une minute de silence ? Aucune chance de gagner. Ma seule marge de manœuvre dans ce mouvement lancé par je ne sais quoi, mais dont je devais subir les règles, était d'anticiper la direction qu'il allait prendre. Les oiseaux ne s'arrêtaient pas de chanter ? Eh bien je devais me servir de cette règle, pas me heurter à elle, en leur donnant l'ordre, tout simplement, de continuer de chanter pour te rendre hommage. Là était la bonne attitude. La seule supportable parce que la seule à pouvoir encore un peu me donner l'illusion de contrôler le jeu de la vie.

Quelle direction va prendre la mienne ? Je retourne le miroir. « Miroir, ô miroir, dis-moi si je suis la plus belle... » Éclat de rire. Bon. Se concentrer. Poser mon doigt au centre. Fermer les yeux. Prononcer ton signe chinois, « Chien ». Lentement les rouvrir. Regarder le miroir. Observer sa surface...

158

Et voilà ! Comme d'habitude tout ce que je vois est le reflet de mon doigt.

— Le reflet du doigt n'est que l'image de ton pire ennemi ! m'a dit Enkhetuya.

— C'est mon doigt mon pire ennemi ?

— C'est toi, imbécile ! Seuls les imbéciles voient le reflet du doigt dans le miroir. Les chamanes, eux, regardent la direction que leur montre le doigt. La di-rec-tion, c'est clair ?

— Non, c'est pas clair !

— Dernier essai, quelle direction indique ton doigt posé au centre du miroir ?

— Euh... L'autre côté du miroir...

— Tu vois quand tu veux ! Eh bien l'autre côté du miroir est le monde des perceptions auquel tu dois t'ouvrir pour capter les énergies du présent. Laisse le miroir t'y emmener. Ton futur y est inscrit...

— Mon futur ? Mais comment je peux capter mon futur dans mon présent ?

— Je ne parle pas du présent dans lequel ton mental croit être en ce moment. Le présent auquel je fais référence, celui symbolisé par l'envers du miroir, est l'instant entre deux pensées. Trouver les clefs de ce présent, c'est ouvrir l'instant non mesuré, donc infini, dans lequel, par exemple, te plonge la transe.

— Mon avenir est dans cet instant ?

— Cet instant est le seul espace dans lequel les séparations mentales entre passé, présent, avenir n'existent plus. Comme un appartement dont les murs auraient été abattus. Être dans cet instant, c'est « voir » toutes les formes de toi. Donc celle de ton futur. Il n'est autre qu'un présent résultat de tous les présents précédents et résultat de ce que tu es...

— Mais « voir », ça veut dire quoi ? Comment on fait ?

— Tu le sais déjà. Tes yeux ont la possibilité de voir au-delà de l'endroit. Au-delà de l'apparence. La pratique du tambour devrait te permettre de développer cette fonction...

Driiiiing. On sonne ? Je range vite le miroir dans le coffre et vais ouvrir la porte.

— Marie ? Mais qu'est-ce que tu fais là ? J'allais partir chez toi...

Sans dire bonjour elle entre. Très agitée.

— J'ai terminé mon rendez-vous plus tôt. Je suis venue directement. J'ai vraiment un super service à te demander. Tu me fais un café ?

Elle se dirige vers le salon. Je l'attrape par un bras pour la pousser vers la cuisine. Je l'invite à s'asseoir. Elle n'entend pas. Reste debout. Parle vite. Ça doit être grave.

— J'ai besoin d'une réponse, là, tout de suite. Tu peux m'aider ?

— T'aider ?

Je place une capsule Nespresso dans la machine. Il y a de l'eau dans le réservoir ? Oui. Une tasse sous la buse. Voilà. J'appuie sur le bouton de mise en route. Marie me regarde, les yeux implorants...

— Tu as bien appris des techniques de divination ?

Silence. J'attends la suite. Elle baisse la tête. La relève.

— Tu pourrais peut-être t'entraîner avec moi...

Des larmes apparaissent dans ses yeux. Je m'approche d'elle.

— C'est vraiment important ?

Elle fait oui. Je lui dis de s'asseoir. Je repense à Enkhetuya. À sa théorie. Chaque personne serait une sorte de base de données vibratoires que le chamane doit tout d'abord apprendre à percevoir. Ma mission, si je l'accepte, serait donc de « percevoir » les informa-

160

tions du présent de Marie, là sous mon nez, pour en déduire la forme de ses présents « futurs »...

Mais voilà... je suis incapable de capter ces données. Je n'ai toujours pas développé cette prétendue fonction cachée de mes sens. Il reste l'autre solution. D'après Enkhetuya, les gens connaissent toujours la réponse à la question posée. Mais ils n'ont pas conscience de la connaître ou ne veulent tout simplement pas la voir. Le rôle du chamane est alors de les aider à bien formuler leur question et peu à peu la réponse doit apparaître. Devenir évidente. Il suffit d'écouter...

— Bon d'accord, je vais essayer...

Marie me saute au cou. Je lui dis de rester calme, elle va avoir besoin de se concentrer. Elle se rassoit. Le café est prêt. Une épaisse mousse couvre sa surface. Je dépose la tasse devant elle, sur la table en Formica jaune. Avec deux sucres pour son régime arrondissant.

— Je t'écoute...

— Eh bien, je suis amoureuse.

Je souris. Pour une fois, elle et moi sommes sur la même longueur d'onde. Mais je ne lui ai pas parlé de *Toi*. Trop tôt encore.

— C'est une bonne nouvelle, je le connais ?

— Les...

— Les ?

— Ils sont deux. J'aime deux garçons...

Je lève les yeux au ciel. Manquait plus que ça.

— Alors je LES connais ?

— Oui... Enfin tu les as rencontrés juste une fois. Yann et Maxime, tu te souviens ?

Je fronce les sourcils.

— À la fête chez Patrick ? Oui, très bien...

Marie avale tout son café d'un coup.

Je m'assois en face d'elle. Elle repose sa tasse vide sur la table.

— Le problème... c'est que Maxime vient de me demander en mariage...

Heureusement que je suis assise.

— Toi ? Mariée ? Mais comment tu vas faire ? Tu ne tiendras jamais avec un seul homme dans ta vie...

Marie fait non. Puis oui. Et m'explique très sérieusement qu'elle en a assez de sa vie de célibataire. À trente-deux ans, il est temps pour elle de se caser, de fonder une famille, d'avoir des enfants. J'éclate de rire. Elle s'énerve.

— C'est sérieux ! Je dois absolument savoir lequel de Maxime ou de Yann est l'homme de ma vie avant d'épouser Maxime, c'est normal, non ? Et tu es la seule à pouvoir m'aider...

J'arrête de rire. Bon. La question est posée. À moi de jouer. Je lui demande de m'attendre sans bouger. Le miroir étant déjà « occupé » par mes propres questions, je vais récupérer les quarante et un cailloux, l'autre support de divination des chamanes mongols. Enkhe-tuya m'a aussi appris à m'en servir. Sans plus de succès que le miroir, d'ailleurs. Lorsque je reviens dans la cuisine, Marie a la tête dans le réfrigérateur.

— Y a que du fromage là-dedans !

— Désolée, je devais aller faire des courses quand tu m'as appelée à l'aide. Passe-moi le gruyère. J'ai faim moi aussi.

Je prends un couteau. Marie me tend le fromage. J'en coupe deux morceaux après avoir déposé le petit sac de cailloux sur la table. Marie louche dessus.

— Il y a quoi dans le sac ?

— La réponse à ton avenir !

Je renverse son contenu sur la table. Marie ouvre de grands yeux.

— Des cailloux ?

— Oui. Mais des cailloux spéciaux. Ils ont la particularité de voler...

— Comme des oiseaux ?

— Exactement. Mais seuls les chamanes peuvent les voir voler. Ils doivent les attraper un par un jusqu'à en avoir quarante et un de quarante et une rivières différentes. Une fois tous réunis, le chamane s'en sert pour lire l'avenir...

— Et toi aussi tu les as... attrapés ?

— T'es con. T'as déjà vu des cailloux voler ?

— Ben ! Tu viens de dire...

— Qu'il ne faut pas croire tout ce qu'on te raconte !

— D'où ils viennent alors, ces cailloux ?

— Comme je n'ai jamais réussi à en voir « voler », Enkhetuya m'a donné les siens...

Les yeux fixés sur les cailloux, Marie croque un morceau de son fromage. J'avale la moitié du mien.

— Tu voudras encore du fromage ?

— Non merci...

— Je peux ranger le couteau ?

— Oui, pourquoi ?

Sans répondre je mets le couteau dans le lave-vaisselle et je me rassois.

— Tu vas lire dans ces petites pierres alors ?

Je fais une moue. Je sais que je ne vais rien lire du tout, mais juste l'aider à bien formuler sa question pour essayer d'y percevoir une réponse...

— Tu dois quand même bien savoir lequel de Yann ou de Maxime tu aimes le plus, non ?

Marie baisse la tête. Elle semble se concentrer. C'est bien.

— Non, j'ai essayé de trouver, je te jure, mais je n'ai pas la réponse. Ça paraît dingue, je n'y arrive pas...

Je pense à Toi. Moi non plus, je n'arrive pas à savoir. Pourtant la forme de mon avenir est en moi. Dans mon présent. Je dois pouvoir ressentir qu'un jour nous vivrons ensemble. Ou pas. Mais, après trois ans d'études, je suis juste capable de faire « oui » avec le cœur et « non » avec la tête. Oui-non-oui-non. Le yo-yo est fatigué. Il n'arrive pas à faire le vide pour voir clair en lui. Comment on fait, bordel ? Marie me fixe. Je repense au conseil d'Enkhetuya. Poser la bonne question. Je réfléchis. Puis je me lance.

— Pour lequel des deux hommes serais-tu prête à abandonner tous les autres ?

Elle fronce les sourcils.

— Ben, j'en sais rien, justement !

— Tu dois donner une réponse...

Elle ferme les yeux. Les rouvre. Se met à parler, parler, les mains autour de sa tasse vide. Dans tout ce qu'elle dit, l'un des deux hommes prend petit à petit plus de place. Plus d'importance. Je finis par savoir lequel des deux elle préfère. Alors je rassemble tous les cailloux dans ma main gauche. D'après Enkhetuya, ils ne sont qu'un support devant me permettre de confirmer ce que j'ai déjà perçu dans les propos de Marie. Et puis Marie aura davantage confiance en une supposée « réponse des esprits » qu'en la mienne.

Je souffle sur ma main en prononçant son signe chinois. Coq. Je les place en neuf tas selon la méthode chamanique. Les yeux de Marie suivent mes mouvements. J'en enlève deux ou quatre par tas, jusqu'à ce qu'il n'en reste qu'un ou deux. J'observe les lignes obtenues. Marie s'inquiète.

— Tu vois quelque chose ?

Le plus sérieusement possible, j'opine.

— Oui. Les esprits ont répondu. D'après les cailloux, c'est Yann l'homme de ta vie...

Elle me regarde, l'œil admiratif. J'éclate de rire. Sans doute pour cacher ma gêne, c'est la première fois qu'elle

164

me regarde comme ça. Mais c'est très agréable, je l'avoue.

— Je le savais ! Je savais que c'était Yann. Je vais appeler Maxime tout à l'heure pour refuser le mariage. Tu me sauves la vie, ma grande chamane !

Je ne réponds rien. Je me surprends même à faire « oui » de la tête, l'air mystérieux juste ce qu'il faut. Et je rassure ma conscience en pensant à Enkhetuya. Sa théorie semble juste. Marie avait effectivement la réponse. Elle me propose un autre café. Je remarque son pied gauche. Il bat la mesure sur le parquet. Mauvais signe. Marie fait toujours ce geste quand quelque chose la préoccupe. Vingt-deux ans que je l'observe. C'est drôle. On s'est rencontrées dans un des marronniers bordant la rue devant chez moi. Son bébé chat avait grimpé jusqu'en haut. Et, comme la plupart des chatons, il n'arrivait plus à descendre. Elle avait décidé d'aller le chercher. J'avais alors entendu des cris. J'étais sortie et je les avais trouvés tous les deux perchés sur une branche. Incapables de redescendre. J'étais montée à leur secours, mais moi non plus je n'avais pu redescendre. On a eu un fou rire. Cet arbre était vraiment comme le « Cube ». Une fois entré on ne pouvait plus en sortir. Aujourd'hui je sais qu'il aurait juste fallu lui chanter une chanson. Au marronnier. Un voisin avait fini par appeler les pompiers...

— Non merci, pas de café, je n'ai pas terminé le mien. Dis-moi plutôt ce qui te préoccupe...

Elle plonge une main dans le bocal à capsules. J'attends. Je sais qu'elle va parler. Mais plus c'est important, plus elle a du mal. Lentement je bois mon café. Elle finit par tourner la tête vers moi.

— Il... Il ne m'aime pas...

— Qui ?

— Yann ! Il ne m'aime pas...

J'éclate de rire.

— Donc l'homme de ta vie est, comme par hasard, le seul homme au monde à ne pas être tombé amoureux de toi...

Sa tête fait oui. Je comprends enfin la véritable raison de son attitude depuis des semaines.

— Oui, je sais ! Et je suis d'accord, c'est peut-être pour ça que je l'aime. Mais peu importe. Je suis vraiment raide de lui et prête à tout pour qu'il tombe amoureux de moi...

Son regard me fixe, soudain.

— À tout, tu comprends ? Donc j'ai besoin de toi...

— De moi ?

Je sens mes muscles se raidir. Tout à coup, je ressens très bien ce qu'elle va me demander. Le rituel. Le rituel interdit pour forcer quelqu'un à tomber amoureux. Elle me regarde, l'air implorant. Elle sait que j'ai compris.

— Tu sais que ce rituel est interdit ?

— Oui. Mais là, tu vois, c'est... c'est essentiel... C'est vital, même... Et puis les cailloux l'ont dit, c'est lui l'homme de ma vie, non ?

Je me lève. Non, les cailloux n'ont rien dit. C'est elle. Elle qui m'a manipulée depuis le début pour m'obliger à lui dire que Yann était l'homme de sa vie. La grande chamane encore une fois n'a rien vu venir.

— Il serait quand même plus simple de prendre ton portable pour lui avouer tes sentiments, non ?

Sa tête fait un mouvement énergique de droite à gauche. Je me rassois.

— Impossible, j'ai essayé, je te jure. Je n'y arrive pas...

— Évidemment, les garçons font toujours le premier pas avec toi, tu n'as pas l'habitude...

— Oui, ben, peu importe la raison ! Je suis en rade, là. Tu vas m'aider, oui ou non ?

Silence. Je pense encore à Toi. Moi aussi, je suis vraiment incapable de t'appeler. Incapable de prendre le risque d'entendre ta réponse. Peut-être que la magie est faite pour ceux, comme moi ou comme Marie, qui n'osent pas affronter la réalité. Les lâches, trop fiers pour se prendre un « non » en pleine face. Mouais. Pas une raison pour utiliser ce rituel au moindre échec. J'affûte ma dernière arme pour la dissuader...

— Il est célibataire au moins ? On ne peut pas faire ce rituel s'il ne l'est pas...

— Oui. Pour l'instant en tout cas. Mais ça ne va pas durer. On doit faire vite...

— Tu sais qu'on risque de perdre cinq années de vie pour avoir utilisé ce rituel ?

— J'y ai déjà réfléchi, oui, mais je m'en fous. Je préfère vivre moins longtemps près de lui que long-temps sans lui...

Soupir. Deux à zéro. Marie, t'es vraiment la plus maligne. J'avale une gorgée de café en pensant au rituel. Il y a peut-être une dernière chance de la faire reculer...

— Tu vas devoir lui demander trois cheveux...

— Trois...

Sa mâchoire tombe. Je souris. Un point pour moi, on dirait...

— Mais c'est impossible, je ne peux pas lui deman-der ça, je te l'ai dit, je perds déjà tous mes moyens face à lui !

Un sourire commence à friser le coin de mes lèvres. Tu vas renoncer, Marie ? Elle avale son café, reste silen-cieuse un moment, le nez dans sa tasse, puis se tourne vers moi, une lueur d'espoir dans les yeux.

— C'est vraiment nécessaire, les cheveux ?

— Plus que nécessaire, c'est l'ingrédient de base de la recette. Autant me demander de faire une tarte sans pâte...

Sa tête fait plusieurs mouvements de haut en bas.

— Bon, je vais réfléchir. Mais si j'obtiens les cheveux, tu acceptes de faire le rituel ?

Je termine mon café. De toute façon, je ne risque rien, elle n'arrivera jamais à les obtenir. Pourquoi Yann les lui donnerait ? On ne donne pas ses cheveux comme ça. Il va vouloir des explications et elle ne pourra pas les lui donner...

— Si tu les obtiens, c'est promis, je fais le rituel...

Le sourire revient sur son visage. Je regarde son pied gauche. Calme. Ouf. Pas d'autre challenge en vue. Une question semble pourtant se promener dans son regard.

— Tu en es où ?

— Où de quoi ?

— De tes pouvoirs ! Tu as eu d'autres manifestations ?

Le temps de prendre ma respiration pour répondre, elle jette un coup d'œil à sa montre et se lève d'un bond.

— Pardon mais je dois partir, je suis en retard ! Tchao, je file. Ne me raccompagne pas, je connais le chemin. Merci pour les cailloux, je t'adore, je t'appelle dès que... Enfin, tu sais, pour les cheveux...

Elle disparaît. Elle a toujours la forme d'une tornade. Je souris. Moi aussi, je l'adore. Je me lève. Besoin d'un autre café finalement. La réponse à la question de Marie est oui. Oui. Il se passe un nouveau truc...

De plus en plus, j'ai l'impression que mon corps s'accorde à son environnement. Difficile à expliquer, mais lentement, profondément, il me souffle l'idée d'une dimension inconnue. Un peu comme dans un jeu vidéo en 3D. Au travers des lunettes on voit un monde virtuel, mais, si on déplace son corps, on peut se cogner à une chaise de son appart et ainsi réaliser qu'il y a un autre espace autour de soi. Eh bien, j'ai cette même impression. L'espace autour de moi est tout à coup rempli de trucs auxquels j'étais aveugle. Mais avec lesquels mon corps, à l'image d'un instrument d'orchestre, essaierait de se mettre au diapason.

Je me rassois avec le café. J'ai parfois la sensation que certains de mes gestes sont en désaccord avec les éléments de ce monde invisible. Oui, c'est ça. Comme s'ils dérangeaient une espèce d'ordre virtuel. Et je ne peux alors m'empêcher de faire d'autres gestes, les « bons » pour réparer les « faux ». Ces gestes viennent tout seuls. Je ne sais pas d'où. Mais je dois les faire.

J'ai pensé à la possibilité de souffrir de troubles obsessionnels compulsifs. Anne ne le croit pas. Si c'était le cas, je ferais ces gestes systématiquement dans les mêmes situations. Or ils sont complètement aléatoires. Comme le couteau au lave-vaisselle tout à l'heure avec Marie. D'habitude je n'éprouve pas le besoin de le ranger, mais là, c'était plus fort que moi, j'ai dû l'enlever de la table. J'avais l'impression que sa pointe blessait quelque chose d'invisible. Mais pourtant incroyablement présent.

Geste n° 16

Direction Batignolles. Je vais au marché bio acheter des légumes. Des gouttes d'eau commencent à s'écraser sur le pare-brise de ma voiture, j'active les essuie-glaces. Il est plein d'arcs de poussière mouillée maintenant. Je dois vraiment les faire changer. J'envoie un jet d'eau. Je ne vois plus rien. Ah si ! le feu avant le Moulin-Rouge, à cent mètres. Rouge. Très bien. S'il devient vert quand j'arrive à son niveau, sans freiner, Tu vas m'aimer. Je n'accélère plus. Toujours rouge. Ma vitesse diminue. Je pense à ta voix. Je me souviens. Dès notre première rencontre, mes oreilles l'ont bue avec autant de délectation que ma bouche aspire les arômes d'un Partagas Série P n° 2. Ça aurait dû m'alerter. Mais non. Je n'ai rien vu, ni même pressenti. On me klaxonne. Oh, ça va, j'y vais !

J'accélère. Un peu. Toujours rouge. Plus qu'une dizaine de mètres. Rouge. Cinq mètres. Vert ! Il est vert. Ouf. Ouf. Et re-Ouf. J'ai toujours demandé aux feux de me donner les réponses que mon mental refusait de trouver. De croire. De voir. Marie m'a appelée il y a trois jours. Complètement désespérée. Elle a vu Yann, plusieurs fois, mais n'a encore pas réussi à lui demander les cheveux. J'ai failli rire. Je me suis retenue.

Pas de nouvelles depuis. Elle doit fomenter un super plan. Je souris en l'imaginant aborder le sujet devant Yann. « Je ne t'ai jamais dit, mais je fais une collection de cheveux bruns, tu ne voudrais pas m'en donner trois ? » Éclat de rire. Sourire. Pas sourire. Et si elle réussissait à obtenir ces cheveux, tu ferais quoi, pauvre idiote ? Elle n'y arrivera pas. Oui, mais si ? Soupir. J'ai promis de faire le rituel. Un chamane n'a pourtant pas le droit d'utiliser ses pouvoirs pour obliger quelqu'un à aimer. Ni à faire quoi que ce soit contre sa volonté. C'est la limite entre les magies. Blanche. Noire. Impair et manque. Je suis en manque. Oui. En manque de Toi, qui ne m'aimes pas, c'est certain. Pas le moindre petit signe. C'est pour moi que je devrais faire ce rituel interdit, non ? Non ! Je n'oserai jamais te demander trois cheveux. Et si je t'appelais là, maintenant, pour t'avouer mes sentiments ? Je touche mon portable dans ma poche. Je n'ai jamais compris comment il fonctionnait. Des vibrations, des ondes, des courants d'air se promènent ainsi autour de moi. Invisibles mais réels. Peut-être le « monde des esprits » dont parle Enkhetuya ? Les rituels seraient alors les gestes à faire pour se connecter à cet invisible ? Comme le geste d'appuyer sur la touche verte de mon portable pour envoyer un appel ou un SMS ? Je frotte son clavier. Si au moins il était une lampe d'Aladin, un génie en sortirait pour sauter dans ton oreille et réaliser mon vœu. Haussement d'épaules. C'est moi le génie, andouille. Moi qui dois t'appeler pour te dire « Je t'aime ». Grimace. Non. Pas le moment. Un geste après l'autre, a dit Enkhetuya. Mission légumes d'abord. Je dois trouver une place. Une toute petite place de Smart. Si au moins il y avait un rituel pour ça. Il serait plus utile à Paris que tous ceux dont j'ai appris la recette. D'ailleurs, à propos de rituel, Anne m'a appelée hier pour me dire qu'elle allait mieux... Nous avons fait celui du deuil début février.

Quand je lui ai tendu l'os de patte de chèvre accroché à un cordon de peau de renne qu'Enkhetuya m'avait confié pour faire ce rituel, j'ai vu ses yeux se mettre à briller. Pour la détendre, je lui ai avoué que l'os avait été nettoyé, rongé et sucé par Enkhetuya. Sa bouche a fait une grimace de dégoût. J'ai éclaté de rire. Elle aussi. Elle a fini par le prendre du bout des doigts, comme pour l'apprivoiser. Puis elle l'a mis autour de son cou. Lentement. Tendrement.

D'après les Mongols, si une personne n'arrive pas à faire un deuil, c'est que le mort a volé son âme pour mettre la sienne à sa place.

— Sonia aurait volé mon âme pour mettre la sienne à sa place ? Mais pourquoi elle aurait fait ça ? a demandé Anne.

— Par peur d'être oubliée...

Elle a baissé la tête. Je ne voyais plus ses yeux. Mais ses oreilles écoutaient. Je le savais. J'ai sorti une boîte d'allumettes de ma poche. Je lui ai expliqué qu'en brûlant toutes les allumettes de la boîte, elle allait chasser l'âme de Sonia de son corps pour l'obliger à lui rendre la sienne. Lentement elle a relevé la tête. Une larme avait coulé le long de sa joue gauche. D'un revers de main, elle l'a essuyée. Je lui ai tendu la boîte d'allumettes. En silence elle l'a ouverte. Et une à une, concentrée sur chacun de ses gestes, elle a enflammé toutes les allumettes. L'odeur soufrée a rappelé son âme, perdue quelque part dans nulle part. Sonia allait-elle accepter de faire l'échange ? Allez, Sonia. Rends son âme à la dame.

Hier au téléphone, Anne m'a dit avoir l'impression que l'os lui faisait du bien. Elle devait le porter autour du cou pendant trois mois lunaires. Au début, elle l'avait trouvé lourd. Très lourd. Elle le touchait tout le temps. Face à une glace, c'était lui qu'elle regardait. Pas elle. Pas sa vie. Elle avait alors réalisé la place anormalement importante que tenait encore Sonia dans sa vie. Et elle avait commencé un travail pour le rendre plus léger. Le travail de deuil en somme.

Voilà une place ! À cinquante mètres à peine du marché, en plus. J'ai vraiment de la chance ce matin. Je me gare. Les Mongols se méfient de la chance. Elle suggère la jalousie. La langue « noire », comme ils disent. Il y a un rituel contre ça aussi. Mais je ne risque rien. Personne ne serait jaloux de ce qui m'arrive. Je descends de la voiture pour m'enfoncer dans la foule du marché.

— Vous me les faites à combien, monsieur, les poireaux, là ?

— Un euro la botte !

J'en règle deux et hop, dans mon panier. J'aime bien l'ambiance des marchés. Ça sent bon. Les gens sont gais. Parlent fort, s'interpellent. Comme dans la cour de récré de mon école en Afrique. Vibration dans la poche de mon jean. Je pose le panier pour récupérer mon téléphone. Ouverture du clapet.

— Salut, c'est Pierre...

— Ah ! bonjour, comment tu vas ?

— Je voulais te remercier, j'ai pas eu une bronchite de l'hiver ! Je sais pas si c'est grâce à ton travail sur moi en décembre mais en tout cas c'est génial...

— Tu sais, rien ne peut prouver qu'il y ait une relation de cause à effet...

— Ça fait dix ans que j'ai des bronchites chroniques, alors... C'est peut-être une coïncidence mais je voulais quand même te remercier. On va boire un verre un de ces soirs ?

Nous nous mettons d'accord sur le mardi suivant. Je raccroche et reprends mon panier. Je me souviens. Oui. Pendant la cérémonie, j'ai senti du vent en lui. J'ai aspiré ce vent. Beaucoup de vent. C'est une impression, bien sûr. Mais je ne sais pas comment l'expliquer différemment. Les chamanes d'Amazonie utilisent cette technique. Ils « aspirent » le mal de la personne venue les consulter. Seulement eux ont un esprit protecteur. Le Mariri. Une sorte d'aspirateur sur lequel viennent se « coller » les miasmes et grâce auquel ils peuvent ensuite les recracher. Moi, je n'en ai pas et je ne sais pas s'il s'agit d'une conséquence mais le lendemain de la cérémonie avec Pierre, j'avais une bronchite. Moi qui n'ai jamais eu de bronchite de ma vie, je me suis demandé si effectivement je n'avais pas « aspiré » celle de Pierre. Je ne lui en ai pas parlé évidemment.

Pour essayer d'y voir plus clair, j'ai accepté la proposition d'Anne. Elle a parlé de moi à son copain neuropsychiatre. Il est très intéressé mais ne peut encore me poser d'électrodes sur la tête pendant une transe. Trop cher comme examen. Il a quand même accepté d'assister à une cérémonie pour juger du phénomène. Je vais devoir aller à Londres, où il habite, avec mon tambour. Vraiment envie de savoir si ce travail avec mes mains a une fonction. Il n'existe quand même pas pour rien. Et de mesurer si oui ou non tous ces « faits » sont des coïncidences. Après tout, le cerveau est encore un territoire inconnu. Ces asperges sont vraiment belles. Couleur. Saveur. Odeur. Un équilibre subtil. Aussi une coïncidence ? Trois bottes, s'il vous plaît, madame...

Geste n° 17

16 avril. Je retire ma main de la poche. Lentement je l'ouvre. Le papier d'aluminium est bien là. Je le serre. Ma conscience râle. Tant pis pour elle. Aujourd'hui, je la quitte. Je quitte toute partie de moi qui aurait l'intention de râler. « Quoi qu'il arrive, commence par sourire », m'a dit Enkhetuya.

Je souris, donc. Ma conscience n'en est pas moins serrée, mais au moins en souriant, je reprends le contrôle de ce que je dois subir. Voilà. J'ouvre le papier. Je découvre les trois cheveux bruns de Yann. Marie vient de me les donner. Elle n'a pas voulu me dire comment elle avait fait. « Tu n'as qu'à me révéler la recette du rituel interdit. » J'ai refusé. Je veux bien respecter ma promesse de faire ce rituel, me transformer « par amitié » en vilaine sorcière, mais il est hors de question de trahir mon serment de ne jamais révéler cette recette. Soupir. Les cheveux sont vraiment courts ! Je n'ai pas demandé à Enkhetuya si le rituel fonctionnait sur des cheveux aussi courts. Bon. Je les mets dans une petite boîte en ivoire. Le seul souvenir de mon enfance africaine. Et maintenant ? Me changer. Coup d'œil à mon portable. 18 h 10. Il me reste deux heures avant de faire ce rituel interdit. Peut-être une énorme bêtise.

L'enseignement d'Enkhetuya aurait pourtant dû m'en préserver. Grâce à lui je croyais me connaître. J'aurais même juré ne pas être capable de faire un truc pareil.

Je file dans ma chambre. Je dépose la boîte sur le lit. J'enlève mes chaussures, mes chaussettes. J'ai lutté neuf jours avec ma conscience pour ne pas en arriver là. Le trac revient dans mon ventre. Ma vie était tellement simple. Avant. Avant la seconde où j'ai pris cette putain de décision. L'autre jour en me voyant dans la vitrine des entreprises Lions en bas de chez moi, j'ai eu peur. Oui. Dans mon reflet, j'ai vu cette colocataire, lovée en moi et capable de me faire les pires blagues. Qui était-elle ? À quoi lui avait servi l'enseignement d'Enkhetuya ?

Parfois, je me demande si ce n'est pas cet apprentissage, en faisant exploser mes limites, qui a justement libéré ce monstre. Comme un cheval fou, je le sens galoper en moi. Qu'est-ce que je dois faire de lui, maintenant ? Apprendre à le dompter ? Ou le laisser libre de m'emmener vers tous les territoires inconnus de ma personnalité ? En tout cas, je suis certaine d'une chose. C'est lui. Lui qui m'a conduite à cette décision. Le cheval fou a gagné.

Aujourd'hui, je mets tous les jetons sur le noir.

Mon nez se plisse. Non. Pas le noir. Sur le gris. Oui. *Magie grise*, ça fait moins peur. C'est comme matière grise. Rien de plus qu'un territoire à explorer. Mes yeux s'échappent vers la fenêtre. Comme chaque fois qu'ils ont honte de moi. Le ciel est gris. Magie grise. Équilibre entre le noir et le blanc. Le bien et le mal ? Ai-je le droit d'obliger Yann à aimer Marie ? C'est de la manipulation. Remarque, moi aussi, tous les jours, dans le cadre de ma vie à Paris, on me manipule. À commencer par mon supermarché adoré. L'autre jour, ils ont changé la place de tous les produits asiatiques. Je ne trouvais plus les pâtes de riz. Ça m'a énervée, mais je sais qu'ils l'ont fait exprès pour m'obliger à me déplacer différemment. M'obliger à chercher. Donc à regarder les autres produits. Je, tu, il, elle, nous. Nous manipulons. Le grand jeu des humains. Et l'amour ? Et la peur, l'espoir, le plaisir, la faim, la soif, les orgasmes ? Toutes ces formes de l'instinct de conservation ne seraient-elles pas un truc de l'évolution programmé dans nos neurones pour uniquement nous accrocher à la vie et ainsi empêcher l'autodestruction de l'espèce ?

Je ne sais toujours pas pourquoi la vie doit vivre. Mais en imprimant dans les êtres vivants les sentiments nécessaires à leur absolu désir de rester en vie, elle a trouvé la plus géniale des manipulations pour arriver à ses fins.

Est-ce de la magie noire pour autant ?

Je ne sais pas. C'est là ma limite. Avoir peur d'oser décider où est ma vérité. Mais comment la découvrir si je n'ose pas la chercher ? Si je n'ose pas faire ce rituel ?

Oui, je dois trouver le courage de le faire. Il est temps d'en finir avec ma bonne éducation. Les limites qu'elle me donne me font de toute façon trop mal. Plus mal que la douleur de les déchirer pour enfin découvrir de quoi je suis capable. Ce que je suis. Peut-être un monstre. Peut-être pas. En tout cas un cadeau dont je n'ai jamais vraiment déchiré l'emballage. Sourire. Un truc est certain. Ce que je suis ne changera rien au goût de mes cendres. *En goût d'œuf pourri-iiii je finirai.* Début de chanson ? Pas le moment.

J'enfile mon *del*, ma tenue de sorcière. Mal-aimée. Toujours pas de signe de Toi. Je ne t'ai pas dit que j'allais faire ce rituel. Trop honte. Parfum ? Les flacons sont posés comme des pièces sur mon échiquier en bois d'olivier. Aujourd'hui ce sera... *Aqua di Parma ?* Non. Besoin d'un truc plus solide dans lequel je vais pouvoir

177

fourrer mon nez en cas de baisse de régime. Ambre extrême ? L'Artisan parfumeur, oui. Avec une touche de Menthifolia de Guerlain. Pschiiit. Inspiration. Parfait.

Il est temps d'allumer la bougie. Le signal du départ. Pieds nus, la boîte en ivoire en main, je m'en vais ouvrir le tiroir de la cuisine dans lequel j'ai placé le lot de douze bougies blanches dont deux gratuites acheté hier au supermarché. J'en prends une. Où est mon briquet ? Non. Pas un briquet. Les chamanes n'ont pas de briquet pour allumer les bougies. Ils ont des brindilles. Avec un poêle plein de feu pour les enflammer. À Pigalle, il est interdit de faire du feu. Des allumettes ? Grimace. Je n'ai pas prévu les allumettes. Dans un sens c'est mieux, la mention « Avec préméditation » ne sera pas ajoutée à ma condamnation pour sorcellerie.

Le briquet est là, un mini en plastique jaune posé sur la table de la cuisine en Formica jaune. Enkhetuya a dit que je devrais découvrir mon propre chamanisme et adapter les rituels à l'environnement parisien. Va pour le briquet jaune. Je pose la bougie sur la table. Je l'allume. La flamme vacille. Mes certitudes aussi. Le tiroir du doute est en train de s'ouvrir. Force 7. Je dois le refermer. Avancer. Inspirer. Ça sent encore la pluie et le graillon du steak que j'ai fait cuire hier soir. En Mongolie, les chamanes perdent leurs pouvoirs quand ils n'ont plus de dents pour manger de la viande. À Paris, quand je n'aurai plus de dents je pourrai toujours m'en faire mettre des fausses. Les pouvoirs fonctionnent-ils avec des fausses dents ? Idiote. Il faudrait déjà savoir s'ils fonctionnent avec des vraies. Je vais déposer la bougie et la boîte sur le coffre mongol du salon. Je marche lentement. La flamme ne doit pas s'éteindre. Éclat de rire. Je pense à Enkhetuya. Elle ne m'a jamais dit comment Doudgi, son mari, était tombé amoureux d'elle. Peut-être a-t-elle fait ce rituel interdit ? Un matin, comme moi, après avoir récupéré trois cheveux de Doudgi, elle aurait allumé une bougie. Je la dépose avec la boîte sur la cheminée. Elle serait allée mettre son tambour au-dessus du poêle. Si c'était le cas, ça aurait bien marché. Ils sont mariés depuis plus de vingt ans et ont eu six enfants. Je vais chercher mon tambour pour l'installer sur un radiateur. La peau doit être chauffée pour se tendre. Pour bien sonner. Ce soir, lorsque trois étoiles seront dans le ciel, il sera « à point », je pourrai commencer la cérémonie. La cé-ré-mo-nie...

Un doute, force 9, surgit. Je m'arrête. Mon rythme cardiaque aussi. Je suis ridicule. Comment ces gestes appelés « rituel » par les chamanes pourraient-ils obliger une personne à aimer ? C'est impossible. Rectification. Je l'ai pourtant appris, ce rituel. Je l'ai même vu se réaliser. Rectification. Ce rituel ne peut pas avoir d'effet sur Yann. Sur moi. Ou sur quiconque dont ce n'est pas la culture. Seuls les Mongols peuvent croire en son efficacité. Je pose mon tambour sur le radiateur. Je caresse mes sourcils. Trop compliqué, ce problème...

Enkhetuya m'a pourtant prévenue. Faire ce rituel, c'est déconner. Le PV est de perdre cinq années de vie. Pour moi autant que pour Marie. Je me redresse. Je m'en fous. Je sorcelle. Tu sorcelles. De toute façon, je n'ai pas la preuve de l'efficacité de cette magie. Et faire ce rituel c'est...

C'est peut-être une façon d'en avoir une ?

Je file dans la cuisine préparer du thé pour les offrandes. Bouilloire, eau chaude, thé vert. Il est prêt. J'en remplis une grande Thermos rouge, que je vais déposer sur le coffre mongol. Merde, la bougie s'est éteinte. Mauvais présage ? Non. Un courant d'air. Je la rallume avec le briquet jaune. La flamme réapparaît. Je la regarde. J'approche mon visage. Je ressens sa chaleur.

Cette bougie, sans que je le voie, influence ma vie. Elle la réchauffe. Je ne sais pas comment ma chaleur peut influencer la vie de Yann. On dit que la forme induit la pensée. Je vais faire les gestes vers lui. Peut-être les percevra-t-il ? Peut-être feront-ils changer sa pensée ? Vers Marie. Pour Marie. C'est peut-être ça, un rituel. Faire des gestes vers. L'impulsion donnée pour se rapprocher. Envelopper. Forcer. Ouvrir. Son pouvoir est-il là ?

Il est temps de délimiter l'espace dans lequel je vais jouer du tambour. Enkhetuya m'a donné la porte du tipi pour en constituer le sol. Un rectangle de toile militaire d'environ trois mètres carrés que j'installe sur le sol devant le coffre. Sa couleur verte a viré au bleu pâle. C'est drôle de penser que cette nuance si douce lui a été donnée par la violence du soleil, de la pluie, du vent. Hop, stabilisation devant la cheminée. J'ouvre la boîte en ivoire contenant les trois cheveux de Yann. J'attrape le pot d'encens. Une poudre verte confectionnée à partir de feuilles de genévrier. J'en verse l'équivalent de deux dés à coudre dans un petit bol mongol en bois recouvert d'argent ciselé. Je l'enflamme à l'aide du briquet jaune. De la fumée s'élève. Je passe un des cheveux au travers. Je me demande si Yann ressent quelque chose en cet instant. Peut-être un picotement sur le crâne, à l'endroit exact d'où vient ce cheveu ?

Les trois sont fumés. Je les place dans une feuille de papier blanc que je plie en quatre. Je pose le papier sur le coffre pour dessiner autour de lui chaque lettre du nom de Yann. En français ou en mongol ? Je n'ai jamais posé la question. Bon. Va pour le français. Je m'assois. Je m'applique. Un petit filet de poudre d'encens coule lentement de mes doigts. Lettre après lettre, le nom de Yann apparaît. Lettre après lettre, je vois le rêve de Marie se matérialiser. Et ma honte aussi. Je touche ma clavicule. Je dois trouver l'angle le plus doux pour ma conscience...

C'est de la recherche, rien de plus ! Tout chercheur se doit de tester ses outils. Et, au même titre que les laboratoires testent l'efficacité de leurs médicaments, je vais tester celle de ce rituel. Je relève la tête. Voilà. Plus qu'à faire le geste suivant. La clef du rituel. Mais sans la révéler. Vraiment pas le droit.

J'ai dit à Marie de venir à 20 heures précises. Elle devra me tenir pendant la cérémonie pour m'éviter de me cogner ou de me faire mal. Pas question cette fois de faire appel à Laetitia, je lui ai demandé d'être mon garde-fou, mais là, le fou s'échappe. Il part en vrille. De toute façon elle n'est pas à Paris en ce moment. Sa thèse en poche elle a accepté un poste à l'université de Manchester. Neuf mois. Je regarde l'heure. Encore trente minutes. Merde. J'ai oublié d'acheter la bande de tissu blanc sur laquelle je vais inscrire la phrase magique. Marie doit l'accrocher au dos de mon costume dès que j'aurai commencé à jouer du tambour. Sourire. J'ai bien pensé, en revanche, à scotcher un papier sur la porte de l'ascenseur. « Soirée déguisée au sixième. Nous vous prions de nous excuser pour le bruit occasionné. » Ainsi les flics ne devraient pas débarquer et si jamais ils arrivent, ils ne seront pas étonnés de me voir en costume et plumes sur la tête. Bon. Plus le temps d'aller au marché Saint-Pierre pour acheter du tissu. Découper un drap ? Non, un torchon !

Je file dans la cuisine. Ils sont dans le placard au-dessus de l'évier. J'en choisis un bien blanc. Les ciseaux sont dans le tiroir à bougies. Voilà. Je découpe une bande de trois centimètres de large sur un mètre de long. C'est fait. Un stylo ? Sur la table jaune. Je répète les mots magiques dans ma tête. Je ne dois jamais les prononcer. Juste les écrire. Je m'applique. Mon loup est censé venir les lire pour réaliser le vœu de Marie. C'est lui qui va faire le travail, pas moi. Tu vas pas me lâcher, hein, le loup ? Je vais poser un *khadak* sur le coffre mongol. L'habiller en bleu pour le transformer en autel. J'y installe les offrandes. Cigarettes, bonbons. Plus qu'à installer les *ongots*. Je tends un autre *khadak* entre les deux clous plantés par moi au-dessus du coffre pour les y suspendre. Mouais. Avec seulement cinq, mon pourcentage de réussite du rituel est évidemment réduit. Driiing. Je sursaute. Marie ? Coup d'œil à ma montre. 20 h 15. Oui.

Je fais un tour complet sur moi-même à la recherche d'une sortie. Même virtuelle. Il n'y en a pas. Une vague de peur déferle dans mon ventre. Peur d'affronter la réalité de ce que je fais. Peur que le rituel n'ait pas l'effet voulu. Mes poils se hérissent. Et s'il marchait ? J'ai bien vu, de mes yeux vu, la jeune femme aux pieds de Baltchir en Mongolie. Après tout, si une vibration sonore peut me transformer en loup, pourquoi une vibration du rituel ne pourrait-elle pas avoir une action sur Yann, genre ce dont m'a parlé Anne ? Comment alors pourrais-je regarder en face mon image de vilaine sorcière ? Driiiiing...

Marie attend derrière la porte. Ma sorcière mal-aimée bloque. Dring, driiing, driiiing. Inspiration. Expiration. Je suis prête. J'ouvre. Je découvre Marie. Éclat de rire. Elle a l'air aussi terrorisé que moi. Sans dire bonjour elle lance :

— Bien vu, l'écriteau en bas, mais on aurait dû faire ça le week-end d'Halloween !

En haussant les épaules, je l'invite à me suivre dans le salon. Après avoir déposé un sac en plastique rouge sur la table basse, elle s'effondre par terre, le coude dans un pouf en cuir orange.

— Tu crois que ça va marcher ?

Moue dubitative en guise de réponse. Je m'assois sur le tapis. Elle sort deux bouteilles de Zubrovska du sac rouge.

— Une pour les esprits et une pour nous remonter le moral !

Je souris. Si les esprits ne font pas ce qu'on leur demande avec ça.

— Tu vois, j'assure ! Mais dis-moi, si la vodka est pour les esprits, comment est payé le chamane ?

— Il détourne les offrandes !

— C'est admis ?

— Oui.

— Et il ne reçoit jamais d'argent ?

— Si. Mais le montant de sa rémunération comme celui des offrandes est laissé à l'appréciation du consultant.

— Sur quelle base ?

— Selon l'importance que le consultant accorde à son problème. Plus il pensera en avoir un grave, plus il va « payer » cher.

— Intéressant. Donc si le chamane rate son coup, c'est que le consultant n'a pas fait assez d'offrandes ?

— Oui ! Il l'invite à faire une autre cérémonie où il devra en faire davantage...

— Ils sont malins, ces chamanes. À Paris, si mon psy échoue, c'est qu'il est mauvais, je vais en voir un autre !

En riant, Marie attrape une des bouteilles de vodka. Je me lève pour aller déposer l'autre sur l'autel. Elle me regarde l'installer au milieu des assiettes de biscuits et de bonbons. La Puma noire et blanche dans laquelle se trouve son pied gauche commence à battre la mesure...

— Tu as un souci ?

— Je pensais à un truc dans l'ascenseur... Si... si le

rituel ne marche pas, je perds quand même les cinq années de vie ?

— Évidemment, c'est l'intention qui compte !

— Et toi aussi, tu perds cinq ans ?

J'opine. Elle me regarde, l'air navré. Je la rassure.

— Si on faisait attention à toutes ces malédictions, on ne passerait plus sous une échelle, on n'aurait pas de chat noir, on ne poserait pas le pain à l'envers sur une table...

— Mais je fais attention à tout ça, moi !

— Pas moi, et il ne m'est jamais rien arrivé !

— Faux !

— Faux ? Pourquoi faux ?

Marie éclate de rire.

— Ben, t'es chamane maintenant !

Je lève les yeux au ciel.

— T'es vraiment con, toi ! En tout cas, le meilleur moyen d'échapper à ces malédictions est peut-être de ne pas en tenir compte. Alors oublions celle-là. Selon toute logique, ni elle ni le rituel ne risquent de fonctionner...

— Selon toute logique ? Mais comment peux-tu parler de logique ? Tu nous as vues là, deux pauvres dingues en plein Pigalle en train de faire un rituel pour obliger un mec à tomber amoureux de moi ! Il manque plus que le chaudron plein de bave de crapaud...

Elle se tourne, se retourne.

— Il est où d'ailleurs ?

Sans répondre, je vais dans la cuisine chercher deux verres. Crapaud toi-même ! J'ouvre le placard au-dessus de la plaque de cuisson. Une à induction parce qu'avant, sans les minuteurs, je posais une casserole, j'allais composer et je laissais tout cramer. J'attrape un paquet de chips de maïs, un grand bol et deux verres. Retour au salon. Marie a ouvert la vodka. Elle remplit les verres à ras bord.

— Je vais t'apprendre à boire la vodka selon le rituel mongol...

— Ils ont aussi un rituel pour ça ?

— Oui. D'après cette tradition, l'âme entre dans le fœtus par l'annulaire et comme il faut nourrir son âme avant son corps, avant de boire, tu dois... Regarde, comme ça...

Je trempe mon annulaire dans la vodka. J'en envoie une goutte à la terre, je retrempe, une au vent, je retrempe, et une au ciel. Puis je bois une gorgée, une seule, pas le moment de perdre le contrôle, avant de passer le verre à Marie. À son tour, elle trempe son annulaire, envoie les gouttes et boit. Deux gorgées. Elle repose le verre en souriant. Je jette un coup d'œil au Velux. Les étoiles sont là. Je me lève pour commencer les préparatifs. En silence, j'enflamme l'encens. Marie vient m'aider. Nous passons tous les éléments du costume dans la fumée. Je teste le tambour. Le son est bon.

— Tu es prête ?

— J'ai... Je vais faire pipi...

Elle sort de la pièce. J'entends sonner les clochettes suspendues à la poignée de la porte des toilettes. Deux fois. Puis Marie réapparaît, le sourcil interrogatif.

— On ne peut toujours pas faire pipi sans prévenir tout le monde chez toi ! Ça sert à quoi les clochettes à la poignée ? J'oublie à chaque fois de te le demander...

— Elles sont là pour faire partir les bêtes...

— Les bêtes ? Quelles bêtes ?

J'éclate de rire.

— En Mongolie, les toilettes sont un lieu où se réunissent toutes sortes de mauvais esprits. Ils ont la forme de vilaines bêtes et les clochettes servent à les faire déguerpir avant que tu n'entres dans la place. Bon, tu es prête maintenant ?

Son index fait non.

— Mais qu'est-ce qu'il y a encore ?

— La guimbarde... J'ai vu que Laetitia te faisait « revenir » de la transe en jouant de la guimbarde. Je ne sais pas en jouer... Elle est où d'abord ?

Je lui montre l'instrument attaché parmi les *ongots*.

— Tu iras la décrocher. Pas besoin de faire un concert. Deux trois doiiiiing doiiiiing et je serai de retour. Sinon, de la fumée de cigarette devrait faire l'affaire. J'ai posé un paquet sur la table, tu n'auras qu'à en allumer une. On peut commencer maintenant ?

— J'ai bien peur que oui...

— Il y a du thé dans cette Thermos. Tu m'en serviras une tasse dès que j'aurai ouvert les yeux. Tu vas pouvoir commencer ta carrière de *tushig* ! Ah oui, la bande de tissu blanc est là, j'y ai écrit la phrase magique pour Yann. N'oublie pas de l'accrocher à mon costume...

Marie a l'air terrorisé maintenant. Je me lève. Il est temps. Mon cœur s'accélère. Tape plus fort. Plus vaste. Comme à chaque fois que je m'en vais explorer l'autre côté de la réalité. Marie m'aide à enfiler mon costume. Me passe le tambour. Concentration. Voilà. C'est parti.

9 mai. Je traverse la place Pigalle. Les jets d'eau de
la nouvelle fontaine ne fonctionnent toujours pas.
Autrefois, quand un groupe avait besoin d'un musicien,
pour un bal, un concert, un enregistrement en studio,
c'est à cet endroit sur la place Pigalle, qu'on venait le
trouver. Elle était l'emplacement d'une sorte de marché
aux musiciens.

Aujourd'hui pour composer, j'ai Logic-Pro7, un
iMac et un clavier électronique. De quoi imiter n'importe quel instrument, enregistrer mes voix de chamanes, les modifier, créer mes propres sons, mixer tout ça
sur des centaines de pistes et les écouter, toujours seule,
iPod nano dans la poche, casque sur les oreilles, en
regardant la fontaine pleurer la disparition de ses musiciens.

J'arrive sur le boulevard de Clichy, je passe devant
Star's Music, je lorgne une table de mixage dans la
vitrine. Le quartier offre toutes les tentations musicales
possibles. Alignées les unes à côté des autres, les bou-
tiques proposent tout ce qui pourrait soigner mon manque d'inspiration. Logiciels, microphones, sono, câblage,
amplis, guitares, cuivres. J'adore ce quartier. Toujours
tout droit pour rentrer chez moi. Je reviens d'un ren-

dez-vous avec Aline, la photographe qui doit m'accompagner en Mongolie pour le reportage. Nous partons demain.

Elle m'a regardée un peu bizarrement au début, genre « C'est ça une chamane ? ». Je lui ai demandé son avis sur mon expérience. Elle m'a répondu : « Tu sais, une de mes amies a un serpent. Eh bien, quand il est enrhumé, elle dort avec lui. Alors ton expérience, c'est pas un problème pour moi ! »

On va bien s'entendre. Il fait doux et beau aujourd'hui. Je lève le nez. Les platanes de la promenade sont pleins de petites feuilles vert clair. J'adore le printemps. Son énergie pousse. Oblige à avancer. À parler d'amour ? Hier, j'ai passé la soirée avec Toi. Nous avions rendez-vous dans un restaurant de la rue des Abbesses. Bien décidée à t'avouer mes sentiments, j'ai entamé l'ascension des escaliers pour accéder à la salle du premier étage. Douze marches. Ma main s'est agrippée à la corde servant de rampe. Une marche, deux, trois, je ne devais pas reculer, quatre, cinq, juste glisser dans la conversation « Je t'aime », six, pas si difficile dans le fond, sept, huit, neuf. Et si ta réponse était « Pas moi » ? Stop. J'ai stoppé sur la neuvième marche. Inspiré. Calmé mon cœur. Bercé mon cerveau. Pensé à quelque chose d'encore plus grave. Juste pour faire comprendre à ma trouille qu'elle exagérait. Des éclats de voix. Un serveur se faisait engueuler ? Un type est apparu en haut des escaliers. Le visage gris de colère, il a entamé la descente, m'a aperçue, plantée là sur ma neuvième marche « Ça va, mademoiselle, vous êtes toute blanche ? » Sans attendre ma réponse il est arrivé en bas des marches et a disparu. J'ai haussé les épaules en reprenant mon ascension...

Arrivée en haut, j'ai fait une pause pour observer la salle. Un serveur de dos posait des cendriers en verre sur des guéridons. Celui qui avait dû se faire engueuler. Il s'est tourné vers moi. Je le connaissais, c'était mon préféré ! Il oubliait toujours un truc dans une commande, se faisait engueuler à longueur de journée, effectivement, mais il était toujours gai et également le seul à me chanter des chansons de son pays. La Thaïlande. Signe de main et sourire en guise de bonjour. Personne d'autre ? Si. Un pull jaune citron près de la baie vitrée, le dos confortablement calé contre le dossier d'un fauteuil en rotin, le visage légèrement penché vers la droite, le regard complètement absorbé par je ne sais quoi au plafond...

Forcément Toi, toujours l'air ailleurs. J'étais émue. Cette « absence » résumait si bien ton personnage. Capable de s'extraire de n'importe quel environnement pour faire ses propres voyages. Je me suis approchée. Tes yeux fixaient toujours le plafond. Où étais-tu, cette fois ? Si au moins j'avais pu enregistrer cet instant sur mon Minidisque. Comme une musique de ton âme.

Ta tête soudain s'est tournée vers moi. Sourire rayonnant. Mon cœur a fait une pirouette dans sa cage en os. Je n'allais jamais réussir à te parler. Mais, l'air le plus calme possible, je me suis approchée. Tes yeux verts de chat à l'affût me scrutaient. J'ai tendu ma joue gauche, « Bonjour, tu vas bien ? — Oui, très bien et toi ? ». Pour une fois j'ai apprécié la banalité de ces mots. Ta bouche est venue embrasser ma joue, bien au centre. J'ai eu envie de tourner la tête pour que nos lèvres se rencontrent. J'ai fermé les yeux. Ma main droite s'est posée sur ton épaule. J'ai imaginé ta peau nue juste en dessous du pull. J'ai frissonné...

Et j'ai été nulle. L'énergie du printemps n'a pas réussi à éclater ma trouille de te parler. Je tape le code d'entrée de mon immeuble. On verra ça à mon retour de Mongolie. Quinze petits jours de sursis encore. Pendant lesquels je vais pouvoir rêver. Espérer...

Pas comme Marie. Yann et elle devaient se retrouver à un concert de « M », hier soir. Leur première rencontre depuis le rituel. Elle a dû l'observer sous toutes les coutures pour déceler le moindre changement à son égard. Amour ? Indifférence ? J'aurais voulu être une mouche pour voir ça. Pas de nouvelles encore. Bon. Plus qu'à faire ma valise. Du chaud, du chaud, du chaud. La température dans le tipi ne doit pas dépasser zéro degré, en ce moment. Le vendeur du Vieux Campeur, qui commence à connaître ma non-résistance au froid, m'a conseillé la combinaison intégrale comme sous-vêtement. En riant il a précisé : « Je la vends pour les expéditions polaires, vous devriez crever de chaud là-dedans ! » M'en fous. Je préfère. Je prends un escabeau pour récupérer ma valise en haut du placard à fringues, et direction le salon où j'étale sur le tapis tout ce que je dois emporter. Fait chaud tout à coup.

Je vais ouvrir une des fenêtres du salon. La basilique du Sacré-Cœur sur fond de ciel bleu est posée là, comme un énorme gâteau blanc au sommet de la butte Montmartre. Question. Si le chamanisme était la religion principale en France, il y aurait peut-être un énorme tipi à la place du Sacré-Cœur ? Non. Les chamanes n'ont pas besoin d'édifices religieux. Sous cette forme en tout cas. Pour eux l'édifice religieux, l'espace sacré, c'est la nature. Ici les religieux des champs ont laissé les villes aux religieux des villes qui, eux, ont trouvé la parade en construisant des édifices dans lesquels ils ont enfermé le sacré. De l'air glisse sur mon visage. Je pense à la racine latine du mot *religion*, voulant dire « relier ». Je pense à mon expérience de fusion de l'autre jour, sur le toit. Dans le sens où elle m'a « reliée » à autre chose qu'à moi, cette expérience était-elle religieuse ? Les transes mystiques pratiquées par les chamanes, et supposées être l'une des premières expressions de religiosité, étaient-elles du même ordre que celle que j'ai vécue ? Si oui, cette religiosité était synonyme d'ouverture vers l'autre, vers l'univers. Pourquoi aujourd'hui le concept de religion, la forme organisée de cette religiosité, a-t-il évolué vers la notion d'« appartenance à » et de rejet de celui qui « n'appartient pas à » ? Soupir. Je referme la fenêtre. Je m'approche de la valise. En plus des vêtements, il y a le tambour, les *ongots*, le costume...

Super lourd à transporter tout ça. Oui. Mais pas autant que moi. Tellement lourde de la question impossible à te poser.

Pas envie de partir avec cette surcharge pour revoir Enkhetuya. Ni de payer un supplément de poids à Aeroflot. Solution ? La fugue de l'*Adagio et fugue en* do *mineur* de Mozart. Il avait dû fumer un pétard avant de composer ce morceau. Super dissonant pour son époque. J'adore. Et puis, l'entendre me pousse à réaliser à quel point tout est possible. À quel point je suis nulle de ne pas ouvrir les bras pour libérer mes peurs. Allez, ma fille. CD en route. Je prends mon téléphone. Le violoncelle attaque. Ouverture du clapet. J'aime la sensation dans mes doigts. Dans mon cerveau. Ouvrir. Fermer. Ça résiste un peu. Sur l'écran apparaît l'image d'un mec en train de surfer. Souvenir du temps où je pratiquais ce sport. Et plein d'autres. Parapente, deltaplane, squash, tennis...

Maintenant je surfe dans la poudreuse de mon cerveau. Vraiment plus compliqué. J'appuie sur la touche du T, comme Toi. Numéro abrégé. Abréger mes souffrances ? L'appel est lancé. Fais attention, le génie gris de la lampe avance vers toi ! Je l'arrête. Je ferme le clapet. Je ne peux pas. Non. Je ne peux pas affronter ta voix. Je sursaute. Ma lampe magique vient de vibrer. Je regarde le numéro s'afficher sous les pieds du surfeur. 01 42 72 36 24. C'est Toi ! Panique. Je ne dois pas répondre. Les battements de mon cœur résonnent trop fort dans ma gorge. Dans ma voix. Deuxième sonnerie. Retrouver mon calme. Je marche vers la fenêtre. Troisième sonnerie. Je ferme les yeux. Respirer. Marcher encore. Reprendre le contrôle. Savoir ce que je veux. J'ouvre le clapet. Trop tard. Je le referme. Tu vas laisser un message. Oui. Écouter le message. Entendre ta voix. La voix révèle les émotions. Mon oreille va épier les tiennes. Mon oreille gauche. C'est toujours la gauche qui écoute. Tandis que mon œil gauche regarde et mon cerveau droit déconne. Me trompe. Trahit mon cœur. Gauche. Tellement gauche, là, devant ce téléphone. J'attends. L'écran reste vide. Tu ne laisses pas de message ? Tu ne vas pas me faire ça ! Ah ! L'annonce apparaît. J'inspire. Je compose le numéro du répondeur. Touche verte.

« Vous avez un nouveau message. » Oui, je sais, dépêche, petite lampe magique. « Salut, c'est moi, ton numéro s'est affiché sur mon portable. Le temps de décrocher, ça avait coupé. Rappelle-moi. À plus... » L'autre voix enchaîne : « Tapez 1 pour archiver, 2 pour effacer, 3 pour réécouter... » Je lui ferme le clapet. Déçue. Ta voix ne révèle rien d'autre que je ne sache déjà. Hors de question de rappeler. Je vais envoyer un SMS. Mon index droit grimpe sur le clavier. Visualise les touches. Hésite. Hésite. Hésite. Tape, écriture intuitive, 5-3-#-8-6-8-3-7-2-4-7, inspire, expire et termine d'un trait, #-8-3-#-7-3-7-7-3-7-#-3-2-6-7-#-6-3-7-#-2-7-2-7-. Vérification du texte à l'écran. « Je voudrais te serrer dans mes bras. » Touche de validation.

La petite enveloppe s'envole. Assaut d'adrénaline. Qu'est-ce que j'ai fait ! Mes yeux s'échappent vers la

fenêtre. Reviennent vers l'écran du portable. Le fixent.
C'est drôle comme un changement de vie peut partir de
tout petits gestes. J'attends. J'attends. Toujours pas de
message. Pourquoi ne réponds-tu pas ? C'est comme
les esprits. Ils ne me répondent toujours pas.

Portable dans la poche avant de mon jean, moral en
vrille, je vais fermer ma valise. Je n'aurais jamais dû
envoyer ce message. Nous ne pourrons plus jamais avoir
les mêmes relations maintenant. Vibration contre ma
cuisse. Je sors le portable de ma poche. Un numéro
s'affiche sur l'écran. Je réponds.

— Marie ?

Silence.

— Marie, c'est toi ?

Long soupir.

— Ça n'a pas marché...

— Quoi n'a pas marché, le rituel ?

— Oui. Yann n'a rien dit hier soir...

Je ne réponds pas. Je suis soulagée, je crois.

— Toute la soirée, j'ai cherché un signe, une expression sur son visage. Mais rien. Il avait l'air normal. Tout
à fait normal. En revanche, il a remarqué que moi j'étais
bizarre. Il m'a demandé pourquoi je le regardais comme
ça...

— Tu le lui as dit ?

— T'es dingue ! J'ai juste répondu que j'aimais bien
ses cheveux plus longs...

Je m'assois par terre à côté de ma valise.

— Tu ne te sens toujours pas capable de lui avouer
tes sentiments ?

— Non...

— Alors, quel est ton plan maintenant ?

— Je ne sais pas. L'effet du rituel n'est peut-être
pas immédiat ? Tu sais, toi, en combien de temps il
agit ?

193

Je lève les yeux au ciel.

— Je n'ai pas le mode d'emploi !

— Mais tu pourrais pas faire un petit plus ?

— À part m'adresser au service après-vente des esprits, je ne vois pas bien !

— C'est vraiment pas drôle, je suis mal, moi...

Soupir. Mais elle au moins n'a rien dit à Yann. Elle peut encore espérer. Pas moi. Je regarde l'écran de mon portable. Toujours pas de message.

— Bon, je dois terminer ma valise. Tu ne m'en veux pas, on voit tout ça à mon retour ?

— OK. Mais pense à moi si tu fais des cérémonies là-bas, hein ?

— Promis !

Je raccroche. Je n'aime pas la savoir triste. Bon. Je vais m'asseoir sur ma valise. Le seul moyen de réussir à la fermer. J'appuie avec mes mains. Pas suffisant. Je me mets à genoux. Une vibration ! Comme un ressort je me relève. J'ouvre mon portable. Ma respiration se bloque. Le message est là. Il porte ton nom. Dans un instant j'aurai une réponse. À moi de jouer. D'appuyer sur la touche. Voilà... Je découvre ton message.

Et la tension tombe. Tombe. Clap de fermeture du téléphone. Un clap mat, rond et profond. Un son qui ferme le passé. Je lâche le portable.

III

Le langage des esprits

Geste n° 19

12 juin. Impossible de dormir. Trop chaud. Je soulève le drap pour refroidir la température de mon corps. J'ai terminé mon album. Il s'appelle *Magie grise*. Personne ne l'a encore écouté. Sauf Prozac, qui n'a pas arrêté de se gratter. Signe chez lui d'un certain énervement. J'y ai ajouté un titre à mon retour de Mongolie. « Quarante-quatre maris ». Dans lequel j'ai mixé l'enregistrement de la réaction d'Enkhetuya en découvrant les réponses à son annonce. Le morceau commence par son éclat de rire suivi de la phrase lancée à Doudgi : « Tu vois ces lettres ? Eh bien, si tu bois encore, je te quitte pour aller en France. Quarante-quatre maris m'attendent, là-bas ! » On y entend aussi la réponse de Doudgi : « Tu ne pourras jamais partir, je suis le meilleur mari pour toi ! » Mais on ne voit pas le regard qu'il m'a lancé genre « Toi, si je t'attrape »...

En tout cas, il n'a pas bu une goutte d'alcool pendant tout le temps où Aline et moi sommes restées. Et tout allait très bien entre eux quand nous sommes parties. Je ventile l'air avec le drap. Il s'est passé un truc éton-nant aussi. Un de plus. Pendant une cérémonie, j'ai éprouvé le besoin évident de bercer la personne sur laquelle je travaillais. Une jeune femme mongole. Après

197

la cérémonie elle m'a dit, avec des larmes dans les yeux, que j'avais fait le seul geste dont elle avait toujours manqué. Sa mère ne l'avait jamais prise dans ses bras...

« Les esprits commencent à te parler, m'a dit Enkhetuya, tu devrais bientôt être capable de dialoguer avec eux... » J'ai pensé qu'en « entrant » dans la personne, j'avais dû ressentir son manque de ce geste. C'est tout.

Pendant la même cérémonie, Aline a senti le bout de ses doigts se mettre à piquer, puis à chauffer. Elle m'a dit en riant que j'étais contagieuse ! Elle n'a peut-être pas tout à fait tort. Anne a eu la même sensation à Paris, mais dans toute la paume des mains. Elle m'a fait vérifier. C'était effectivement comme si elles avaient tenu des patates chaudes. Je regarde le Velux au-dessus du lit. La pleine lune donne une douce lumière bleutée à la chambre. Au visage d'Anne, endormie là, contre moi. J'aime tellement cette gueule. Le nez d'aigle. Les rides de vie. Cette carte du Tendre m'émeut aux larmes. Je peux le dire maintenant. Mon nouveau Toi, c'est Anne...

Sa réponse à mon texto, la veille du départ en Mongolie disait seulement : « Bon voyage. » Je n'ai pas insisté. J'ai même passé le temps de ce reportage à essayer de ne plus penser à elle. Je devais accepter le fait qu'elle n'éprouve aucun sentiment amoureux pour moi.

Mais le surlendemain de mon retour, alors que j'étais en train de composer, j'ai entendu un petit dring sec. Il était environ 11 heures. J'ai enlevé mon casque pour aller ouvrir. Elle portait une chemise bleu ciel aussi fine que sa peau. Mes yeux n'ont pas pu s'empêcher de suivre son décolleté. D'apercevoir un bout de son soutien-gorge. En dentelle fuchsia. Elle a suivi mon regard. Et, sans me dire bonjour, elle m'a plaquée contre la porte pour m'embrasser. Je crois bien que je n'ai jamais eu l'air aussi pétrifié. Ça n'a pas duré, j'ai encore des frissons au bout des seins en pensant à ce moment. Tellement envie de poser mes lèvres, là, sur sa peau. Juste à l'endroit où elle a chaud. Où elle transpire un peu. Doucement je tire le drap qui recouvre son corps. Le lin glisse sur son ventre, sur ses hanches. Elle bouge. Se tourne sur le côté. Sa main gauche ne porte plus la bague en argent. Je m'allonge sur le dos. Je pense à nos vies maintenant enlacées. C'est émouvant, deux histoires qui se rejoignent.

Engagée volontaire dans cette aventure, elle est mon *tushig* depuis le retour de Mongolie. Elle n'a eu aucun problème pour la guimbarde, elle a passé son adolescence à jouer de cet instrument. Sans savoir qu'un jour cette pratique lui serait « utile ».

Pendant ce dernier voyage, Enkhetuya m'a appris une nouvelle technique pour aider Marc. Plus efficace d'après elle que le tambour et surtout praticable à n'importe quel moment de la journée ou du mois. Une façon particulière de jouer de la guimbarde pour provoquer la transe. Je devais en rentrant en France la transmettre à mon *tushig*. L'intérêt de cette technique, c'est que la transe provoquée est moins profonde. Elle ne m'entraîne plus dans des visions ou perceptions parasites encore trop difficiles à interpréter à mon niveau. Du coup, j'arrive mieux à me concentrer sur les infos du corps dans lequel « j'entre ».

Enkhetuya a aussi un peu rassuré mon appréhension à travailler sur Marc. Selon elle, la maladie est le symptôme que le patient a rompu avec le monde des esprits. Trop isolé dans sa bulle, il s'est déconnecté des énergies environnantes. Le rôle du chamane, en tant que lien entre les esprits et les humains, est de réparer cette connexion. De la rétablir en évacuant la peur. En restaurant la confiance. Il n'éviterait pas la maladie. Il réparerait la peur de la maladie.

Il n'éviterait pas la mort. Il réparerait la peur de mourir.

J'ai dit tout ça à Marc avant la cérémonie de fin mai. En précisant bien que mon travail, si effectivement il y en avait un, concernait cette « réparation » et pas directement son cancer. Tout ce que je pouvais faire pour lui. Il a accepté d'autant plus facilement que sa dernière IRM était encourageante.

Lors de la cérémonie, Anne a joué de la guimbarde. Je suis entrée en transe. J'ai plongé en lui. Ce que j'ai vu ? Un grand silence et pratiquement pas de vision. À part une fumée noire sortant d'un œil. Comme pendant la cérémonie à la Cartoucherie. En sortant de la transe, j'étais inquiète à cause de cette vision. Enkhetuya m'avait dit à ce propos que la fumée représentait la maladie et le silence, la déconnexion...

Je m'assois au bord du lit. L'IRM que Marc devait passer le lendemain a confirmé ma crainte. Elle a révélé une nouvelle tache...

Pauvre chamane. Cette nouvelle t'a fait un électrochoc. Elle a griffé ta peur de te tromper. Comme une cloque percée, elle coule. Elle se vide. Je regarde l'heure. Trois heures. Besoin d'un verre d'eau. Je me lève. Cette fois, je ne vais pas fuir. Je vais me battre pour Marc. Tout tenter pour ne jamais plus regretter d'être restée inutile. J'ouvre le robinet. Index sous l'eau. Elle est chaude. Les chimios vont s'occuper de son cancer, je vais essayer de réparer ses peurs. De rétablir la « connexion ». Prozac rapplique, tout content de récupérer un truc à manger. Il le sait, il a droit à des croquettes quand je me lève la nuit. Je le caresse avant de les lui donner. Il remue la queue. Je remplis un verre. Le bois lentement. Oui. Je dois tout simplement offrir à Marc ce qu'il demande. Je verse un peu d'eau à mon basilic. Prozac retourne dans son panier. Je vais me coucher.

Anne dort toujours. Je m'allonge contre elle. Elle respire doucement. Lentement j'approche mes lèvres des siennes, légèrement entrouvertes. La seule idée d'effleurer sa bouche provoque dans mon ventre l'ouverture immédiate d'une vanne de chaleur. J'inspire. J'aime tellement tout en elle. La forme de son être. La forme que prennent ses mains pour découvrir mon corps par la plus grande unité de lenteur. Sa façon de vivre notre présent avec les mêmes frissons de plaisir qu'un plongeon dans une mer à dix degrés. De pencher la tête à droite, en écrivant. De tourner ses yeux vers moi quand je prononce son nom. Ses yeux. Je me redresse. Sur quel regard vont-ils s'ouvrir quand elle va savoir ce que j'ai fait ? Les mots sont soudain là dans ma gorge. Ils poussent. Ils veulent sortir. Je serre mes lèvres. Yann est amoureux de Marie. Ça s'est passé pendant mon voyage. J'avais douze messages d'elle sur mon répondeur en rentrant. Un soir il lui a annoncé, comme ça : « Marie, je suis amoureux de toi. » Elle me remerciait, elle en était certaine, c'était grâce au rituel...

Persuadée qu'il ne fonctionnerait pas, je n'en ai jamais parlé à Anne. Mais ce dernier rebondissement change tout. J'ai beau penser qu'un tel prodige reste impossible, un doute plane maintenant sur ma conscience. Et si j'étais vraiment une vilaine sorcière ?

J'allume la mappemonde sur ma table de chevet. Je dois dire à Anne ce que j'ai fait. Lui avouer qui je suis. La chambre prend une couleur orangée. Elle ne se réveille pas. Même dans le sommeil, elle ne se laisse pas distraire des mondes dans lesquels elle voyage. Un jour, au musée de l'Homme, après avoir parcouru plusieurs pièces à sa recherche, je l'ai retrouvée complètement immobile devant des sortes de minuscules

201

cailloux noirs. J'ai touché son épaule pour signaler ma présence. Elle a sursauté, s'est excusée de ne pas m'avoir entendue et m'a expliqué à quel point elle était bouleversée par ces petits cailloux, des perles de silex noir façonnées par des humains, il y a plus de dix mille ans. Elle était avec eux, les imaginant les tailler pendant des heures, juste pour être plus beaux...

Elle avait des larmes dans les yeux.

J'ai envie de la caresser très doucement. Ma main avance vers son ventre. Recule. Calmer d'abord les battements de mon cœur ou bien je vais basculer dans un EMC. Mon seuil s'est considérablement abaissé depuis le début de ce parcours. Et ce que je redoutais le plus est arrivé. Un EMC après un orgasme. Il fallait bien que ça tombe sur moi. Sur elle avec moi. J'ai eu tellement honte. Tellement peur qu'elle ne m'aime plus après ça. Mes mains se sont mises à trembler, puis mes bras, mes jambes. Mon nez a reniflé comme celui d'un animal. J'ai compris que c'était arrivé. Trop tard. J'avais perdu le contrôle de ma raison. Mes yeux ont basculé dans un tunnel. Une sorte de trou noir, qui m'a conduite devant un loup puis derrière une statue en bois, d'où j'observais un homme de dos, vêtu d'un habit ressemblant à celui que portaient les Indiens d'Amérique du Nord. À cause des plumes. Il chantait devant l'entrée d'une sorte de tipi. Un chant lancinant que je connaissais. Je me suis mise à le chanter avec lui. Il a tourné la tête vers moi. J'ai eu un choc. J'avais l'impression de connaître ce visage. Oui. C'était Geronimo. L'Apache. Il a souri. Lui aussi semblait me connaître.

Comme on s'échappe d'un cauchemar, je me suis « réveillée ». J'étais toujours dans les bras d'Anne. Elle a souri. Puis m'a expliqué doucement, son front posé contre le mien, que je m'étais mise à renifler comme pendant les transes. Tout mon corps vibrait. Sautait.

202

Elle m'avait entourée de ses bras pour m'éviter de me faire mal. J'avais poussé mes hurlements de loup.

— Après, tu as chanté.

— Chanté ? Je suis bonne pour le cabaret ! Et il y avait les paroles aussi ?

— Non. Tu n'arrives toujours pas à parler, c'était juste une mélodie. Elle ressemblait à des chants tribaux. Peut-être chamaniques. En tout cas pas ceux que tu m'avais fait entendre d'Amazonie ou de Mongolie. C'était très doux. Très beau. Je ne reconnaissais pas ta voix non plus. Elle venait de la gorge. Plus éraillée. Plus grave que d'habitude.

Elle m'a suggéré d'essayer de me souvenir de ce chant. Je n'ai jamais réussi. Il était comme effacé de ma mémoire. Où était-il ? Je l'avais pourtant chanté, là, devant Anne. Elle a regretté de ne pas l'avoir enregistré. Je lui ai suggéré d'installer un magnéto à proximité de notre lit. Trop dommage de perdre ces mélodies. Elles portaient peut-être en elles la clef d'un succès planétaire envoyé par les esprits pour me remercier d'avoir bien voulu devenir chamane ! Nous avons ri. Encore.

Je lui ai parlé de l'homme que j'avais vu. Geronimo. Je ne savais pas pourquoi ce nom était venu. Je ne connaissais pas grand-chose aux Apaches. Alors comment avais-je pu « reconnaître » un personnage que je ne pensais jamais avoir vu ?

Nous avons lancé une recherche sur Google, consulté deux sites concernant Geronimo et sommes finalement tombées sur une photo de lui. Son visage ressemblait étrangement à celui que j'avais « vu ». J'ai alors pensé aux films qui avaient bercé mon enfance. Une image de Geronimo s'était certainement imprimée dans ma mémoire. Nous sommes restées d'accord sur cette explication. Pas longtemps...

Nos recherches nous ont ensuite appris que Geronimo était *medicine man*. Il avait des descendants dont deux arrière-petits-fils, vivant aujourd'hui dans une réserve au Nouveau-Mexique. L'un d'eux était également *medicine man*. Après quelques semaines d'enquête j'ai réussi à le contacter par téléphone. Je lui ai expliqué le rêve, ma formation en Mongolie. Il a écouté en silence. Et a fini par me dire que mon appel ne l'étonnait pas. Les Apaches se disaient les descendants des Mongols. Leurs enfants ont la même tache de naissance, une sorte de plaque violet clair au bas des reins, appelée « tache bleue ». Il savait qu'un jour une personne viendrait vers lui pour le faire renouer avec cette tradition perdue...

Nous avons décidé de nous rencontrer.

Coup d'œil à la mappemonde. Je ne lui ai évidemment pas dit qu'un orgasme était à l'origine de tout ça. Je ne sais pas où cette nouvelle « capacité » va encore me conduire, mais Anne ne semble pas du tout inquiète. Au contraire. Cet état a l'air de la fasciner. Elle le voit comme un nouveau moyen d'étudier et d'explorer, au même titre que la transe chamanique, d'autres fonctions du cerveau humain. D'autres perceptions. D'autres facettes de la réalité. C'est bon d'être aimée malgré mes tares. Je n'éprouve évidemment pas le même enthousiasme. Je voudrais tellement être comme avant. Quand j'étais « normale ». Et profiter de mes orgasmes sans m'en aller explorer je ne sais quoi, je ne sais où. Si j'avais affaire au son d'un tambour, je pourrais au moins me boucher les oreilles, mais là...

J'éclate de rire. Anne ouvre les yeux. Je me fige. Elle se redresse.

— Tu riais ?

Le son de sa voix résonne soudain en moi jusqu'au secret soigneusement attaché au fond de mon cerveau.

Les chaînes vont lâcher. Mes doigts se posent sur sa bouche. Comme pour retarder encore un peu le moment où...

— Mais qu'est-ce que tu as ?

Une vague de picotements envahit mon ventre. Voilà. Les chaînes ont lâché, laissant s'ouvrir les portes de mon propre piège. Il est temps. Je le sais maintenant. Mes yeux dans les siens perdent de leur assurance. Ils s'échappent. Les mots vont prendre le relais. Mes lèvres s'entrouvrent pour les laisser passer.

— Je... J'ai quelque chose à t'avouer...

Les rayons de soleil au coin de ses yeux se plissent légèrement, projetant son regard dans mon cœur. Elle essaie d'y découvrir ce que je vais lui annoncer. Je la laisse faire ce tour de notre histoire. Il fait froid soudain. Je me serre contre elle. Ses paupières se ferment. Fermant la source de la lumière dont je me nourris. Ouvrant la force de lui dire...

— Il y a une fausse note en moi...

Ses yeux de nouveau s'allument. Elle s'éloigne un peu de moi. Pour mieux m'observer.

— Une fausse... note ? Qu'est-ce que tu veux dire...

Je n'arrive pas à répondre.

— Mais parle ! C'est grave ?

— Seulement si tu me quittes...

— Alors tu ne risques rien !

Je souris. Ces mots sont chauds dans mon cœur, chauds dans mes oreilles. *Tu ne risques rien.* Ils expriment l'impatience de savoir. La patience de comprendre. Ils sont l'amour. Sa main gauche vient se placer sur la mienne. Ce geste me fait du bien. Sentir sa peau ouvre en moi un univers de douceur dans lequel je me love. J'inspire. Je respire. Elle soupire.

— Si c'est ton côté « chamane » auquel tu fais allusion en parlant de fausse note... On peut en parler...

Sa voix reste en suspens. Son écho rebondit quelques instants avant d'être englouti de nouveau par le silence. Elle attend. Je baisse les yeux.

— Tu vois, Enkhetuya m'a donné des outils pour découvrir les pouvoirs qui sont en moi, elle m'a appris des rituels pour aider les autres... Je ne sais pas comment te dire... Je peux allumer un cigare ?

— C'est si grave que ça ?

Des larmes commencent à noyer mes yeux. Anne met alors un doigt sur ses lèvres.

— Bon, allume, je me tais...

Je vais dans mon bureau chercher un havane. Un Siglo VI. Un module énorme à fumer en deux heures. Cent vingt minutes. Sept mille deux cents secondes. Soixante-douze mille dixièmes de seconde. Sept cent vingt mille centièmes de seconde. Sept millions deux cent mille millièmes de seconde. Un temps divisible à l'infini, aussi infini que ma peur de lui dire. Je reviens m'asseoir sur notre lit. Je ne la regarde pas. Je concentre ma force dans le geste que je vais faire. Un petit geste à l'air de rien. Un banal, produit en quantité industrielle à la chaîne de mon quotidien. Un geste dont je n'imaginais même pas qu'un jour il puisse être si difficile à exécuter. Exécution. Cinq, quatre, trois. Signe de foi. Deux, un, un demi. Geste d'adieu. Zéro. J'allume le cigare. La mèche commence à jeter ses étincelles. L'explosion va ouvrir une brèche dont je ne peux encore imaginer les conséquences. Le nez du cigare rougit. Il envoie un signal de fumée. J'inspire. C'est le moment. La bonne combinaison. Clic. Mes lèvres s'ouvrent.

— J'ai fait le rituel...

Anne fronce les sourcils.

— Pourrais-tu être plus claire ?

Le Cohiba commence à se consumer. J'aspire doucement les arômes de poivre blanc, de miel, de réglisse.

Être plus claire. Avec toute cette fumée de cigare dans mes narines. Anne va tellement m'en vouloir. Je pose mon regard dans le sien. Elle le soutient. Comme chaque fois que j'ai peur. Je dois lui faire confiance. La fumée s'enroule en volutes autour de ma main. Si au moins elle pouvait me purifier. Je la souffle. Voilà.

— Le rituel interdit, pour obliger quelqu'un à tomber amoureux... Je l'ai fait pour Marie et... Yann est tombé amoureux d'elle...

Mes yeux vont immédiatement se cacher derrière le cigare. Je les ferme. Et j'ouvre mes oreilles pour les suspendre au prochain son qu'Anne devrait émettre. Silence. Silence. Pourquoi ne dit-elle rien ? C'est trop long. Lentement j'ouvre mes paupières. Lentement l'image d'Anne apparaît. Je sursaute.

— Tu souris ?

— Oui...

Je recule. Pour mieux l'observer. Elle a vraiment l'air heureux. Peut-être le choc...

— Mais je viens de te dire que j'étais un monstre !

J'attends sa réaction, en la regardant du coin de l'œil droit. Celui qui se méfie. Anne sourit toujours. Pourquoi ne veut-elle pas me croire ?

— Tu viens surtout de me dire que tu me faisais confiance au point de te montrer à moi telle que tu étais... C'est une preuve d'amour...

Mes yeux s'arrondissent.

— Décidément, rien ne t'étonne jamais, toi !

Ses doigts s'avancent vers mon cigare. Je le lui donne. Elle aspire une bouffée. Lentement. Puis me le tend. Je le pose dans un énorme cendrier Vallauris dégoulinant de céramique rouge vif.

— Tu pensais vraiment que ce rituel pouvait avoir un effet ?

Moue dubitative.

— Non...

— Et tu l'as fait quand même ?

— Quand tu fais une prière, tu crois qu'elle va être entendue ?

— Non, mais... Il m'est arrivé d'en faire...

— Voilà...

Je mets le cigare entre mes lèvres. Elle me l'enlève.

— Faire ce rituel a dû te poser un sérieux problème de conscience, non ?

— Euh... Oui... Enfin... Pas trop. Je ne pensais pas vraiment qu'il puisse fonctionner, alors je ne risquais pas de faire beaucoup de mal à Yann...

Elle reste silencieuse un moment. Puis remet le cigare entre mes lèvres.

— Et quelques jours après ce rituel, Yann a dit à Marie qu'il était amoureux d'elle...

Comme si elle allait annoncer un truc grave à une grande malade Anne prend un air super calme. Ma tête pivote légèrement. Œil droit paré à encaisser. Le coup va arriver, je le sens...

— Alors Marie va avoir un problème...

J'aspire une bouffée, le temps que les mécanismes subtils de mon cerveau se mettent en route. Anne m'observe. On dirait qu'elle suit les zigzags de ma pensée. Tic-tac, tic-tac, Ma Sorcière maintenant bien-aimée avance dans le labyrinthe de son cortex. Va-t-elle réussir à trouver le gros morceau de fromage ? Ses petites pattes sont fatiguées, mais elle est motivée. Un dernier effort. Voilà. Le mécanisme s'enclenche...

— Tu veux dire que Marie va se demander si Yann l'aurait aimée sans ce rituel ?

Anne sourit.

— Oui. Mais comment le savoir maintenant que tu l'as fait... ?

Je ferme les yeux. Je les rouvre.

— Donc elle n'aura jamais la réponse ?

— Ce qui est arrivé est sans doute une coïncidence, mais tant qu'on ne pourra pas le prouver, le doute subsistera. Marie se demandera toujours si Yann l'aime pour elle ou à cause de ce rituel...

Je repose mon cigare dans le cendrier. Pourquoi n'avais-je pas envisagé cette conséquence ? Vivre avec cette incertitude est sans doute la véritable punition pour Marie. Tous les jours, elle va la ronger. Là est la symbolique du PV. La raison pour laquelle les chamanes ont interdit la pratique de ce rituel. Je reprends mon cigare. Il est éteint. En faisant ce rituel j'ai cru aider Marie. Moi, moi, moi, je pensais pouvoir jouer avec les interdits chamaniques. Mais on ne franchit pas juste « pour voir » le gouffre qui sépare notre monde de celui de la magie ancestrale. Voilà le véritable danger de l'application du chamanisme à la culture occidentale. Je repose le cigare. Et lentement, comme l'eau d'une marée montante, je sens la tristesse m'envahir. Pardon, Marie. Mes yeux s'échappent vers le Velux. Le ciel a mis du blush sur ses joues. Il est rose maintenant.

— Le jour se lève...

— Oui...

— Alors avant que la sorcière ne se transforme en citrouille, elle a encore des trucs à m'avouer ?

Ma tête fait non.

Geste n° 20

20 juin. Derrière la vitre de l'Eurostar je vois la campagne anglaise défiler à toute allure. Ça me donne mal au cœur. Mes yeux reviennent sur le poulet-mayonnaise posé sur la tablette en face de moi. Beurk. Et sur *Le Journal de Mickey* à côté. Ma récréation dans les transports. Ça amuse Anne. Picotements dans l'échine.

Dans deux heures je serai à Paris, dans ses bras. Inspiration. Je rentre de Londres où j'ai rencontré Peter, son copain neuropsychiatre. Pour me tester il m'a demandé de travailler sur un de ses patients consentant. Le but de l'entraînement était de voir si j'étais capable de découvrir en entrant en lui le problème dont il souffrait.

Je ne sais pas si c'est le stress de me tromper, mais une fois en transe, pour la première fois, j'ai enfin réussi à prononcer des mots. Enkhetuya m'avait bien dit que j'étais prête. Difficile à croire, mais ça s'est déclenché tout seul. Je me suis mise à parler à des sortes d'entités devant moi. Une langue inconnue. Qu'une « fonction » de mon cerveau a sans doute dû comprendre puisqu'en sortant de la transe, je connaissais le problème dont Liam, le patient de Peter, souffrait. Une intime conviction. Mais tellement difficile à avouer que mon mental s'est cabré. Et si je me trompais ? En tournant autour du pot, j'ai demandé s'ils avaient entendu mon « langage ». Oui, mais aucun des deux n'avait compris le moindre mot. Si Liam avait ce problème depuis longtemps, s'il était allé voir un sexologue. Il a eu l'air gêné. Puis m'a demandé en riant si, par hasard, les esprits ne m'avaient pas aussi donné la solution pour régler son problème. Il fait noir soudain. Nous sommes dans le tunnel sous la Manche. Je suis toujours émue d'y entrer. Toute cette eau au-dessus de moi.

Peter a dit que j'avais réussi le test. Il s'est demandé si le langage des esprits dont parlait Enkhetuya n'était pas tout simplement la preuve de l'existence d'une capacité du cerveau humain à « entendre » ou à capter des sortes d'infos lancées par chacun de nous. Pour lui, le corps lance des signaux. Beaucoup de signaux que nous sommes en général incapables d'interpréter. Mais l'EMC provoqué par le son du tambour me permettrait d'activer cette fonction. J'ouvre l'opercule en plastique recouvrant mon sandwich. Odeur de mayonnaise. Grimace. Toujours eu du mal avec les odeurs de nourriture dans les transports. Quant au langage prononcé par ma bouche, Peter n'a pas réussi à l'identifier. Peut-être existe-il ou a-t-il existé ? Peut-être est-il n'importe quoi ? Juste des borborygmes « traduisant » on ne sait quelle forme vibratoire ressentie. En tout cas il m'a demandé d'enregistrer les prochaines cérémonies pour pouvoir l'étudier. Je mords le coin gauche de mon poulet-mayonnaise. Je commence toujours par là.

Il voudrait aussi essayer de mesurer les effets de ce travail avec mes mains. Mais sous le strict contrôle de scientifiques, dans le cadre d'un programme de recherche. Étudier ces effets sur toutes sortes de cas, sur des années, en établissant des mesures, en comparant les résultats, serait pour lui un moyen de faire avancer l'état

211

des connaissances sur les capacités du cerveau humain. Merde, un morceau de poulet vient de tomber sur mon jean. M'énerve. J'aurais dû me concentrer sur mon sandwich. Pas sur mes pensées. Suis toujours incapable de faire un seul geste à la fois. Je prends une serviette en papier pour essuyer l'auréole de mayonnaise. S'en va pas, évidemment.

À propos de mes visions et de ma sensation d'entrer dans l'univers énergétique de la personne, Peter pense qu'il serait intéressant d'apprendre à les interpréter pour petit à petit arriver à identifier n'importe quel déséquilibre et peut-être, même, détecter certaines maladies avant leur manifestation physique. J'ouvre le couvercle de la petite poubelle accrochée sous la fenêtre. Il est aussi persuadé qu'à force de pratique, je n'aurai même plus besoin de tambour ou de guimbarde pour provoquer un EMC et me livrer à ces exercices « d'investigation ». Je jette le reste de mon sandwich. Mais, devant mon manque évident d'enthousiasme face à cette perspective, il a pris la peine de préciser, croyant me remonter le moral :

— Imagine l'intérêt, la police criminelle pourrait te mettre en renfort dans une équipe de *profilers* pour détecter ou recenser les psychopathes en liberté !

Je referme le couvercle de la poubelle. J'espère vraiment qu'il a tort, je ne sais toujours pas comment me protéger. Pas du tout envie de « prendre » en moi ce que peut ressentir ce genre d'individus. Le soleil revient violemment dans le wagon. Je cligne des yeux. Le train au moins est sorti du tunnel.

Gare du Nord. Je baisse la vitre du taxi. La chaleur de la ville s'engouffre. Le chauffeur râle. Il a mis la clim. Bon. Je la referme en souriant. C'est plus fort que moi. Je souris en permanence depuis qu'Anne et moi vivons ensemble. Comme si on m'avait trempée dans du sirop, je dégouline de bonheur. Dans dix minutes je serai avec elle. L'itinéraire choisi par le chauffeur est-il bien le plus rapide ? Boulevard Magenta. Rue de Maubeuge. Oui. C'est drôle, je me sens stable. En équilibre depuis quelques jours. Découvrir les zones d'ombre de ce parcours chamanique, celles dans lesquelles j'avais tellement peur de m'aventurer, commence même à m'amuser.

L'autre matin dans le métro, j'ai vu une jeune femme perdre son ticket. Je l'ai ramassé et le lui ai tendu. « Gardez-le, mademoiselle, vous allez en avoir besoin. » Je ne l'ai pas précisé pour ne pas passer pour une dingue, mais j'étais persuadée qu'il y aurait un contrôle à la sortie. Sans savoir pourquoi. Juste une évidence. La personne m'a regardée, genre de quoi je me mêle. Mais à la sortie il y avait effectivement un contrôle. Dans la foule je l'ai aperçue. Elle tendait son ticket au contrôleur. Elle m'a vue. M'a souri. J'étais contente. Attention, monsieur, le pigeon sur la route ! Il s'envole juste à temps. Il est gris. Peut-être celui sur lequel volent tes cendres ? Je le regarde s'éloigner dans le ciel. Petit signe de main. Malheureusement je pressens encore trop souvent des événements qui n'arrivent jamais. Jeanne en est la preuve. Pas de drame dans sa vie. Elle va très bien. Le plus difficile, Enkhetuya a raison, est d'arriver à distinguer les vraies infos des fausses.

Beaucoup de gens, en Occident, vivent des expériences similaires. Sans oser les avouer. Mais les langues commencent à se délier autour de moi. Un copain journaliste m'a parlé de la trouille inexplicable, ressentie dans la salle de bains d'une maison prêtée par un de ses amis. Il a fini par apprendre que l'ancien propriétaire y avait été assassiné. Sa femme dans une crise de démence l'avait achevé à coups de hache...

Comment a-t-il pu le « percevoir » ? Je ne le sais pas. Mais ces capacités, j'en suis de plus en plus persuadée, sont vraiment en chacun de nous. L'attitude à adopter face à ces phénomènes est peut-être de les observer sans leur donner plus d'importance qu'ils n'en ont. Ne sont-ils pas juste la preuve que lentement nous devenons un peu moins imperméables à ce qui nous entoure ou nous constitue ? Les verrouiller ne servirait donc à rien. En avoir peur non plus. Reste à ne pas trop se laisser emporter par l'euphorie qu'ils peuvent provoquer. Le chauffeur se met à hurler. Une voiture vient de piler devant lui. Comme il klaxonne, le conducteur lui montre son majeur, bien droit, avant de redémarrer. J'éclate de rire. Le chauffeur pile à son tour et se tourne vers moi, l'air furax. C'est le doigt, monsieur ! Il n'a pas la même signification en Mongolie. Là-bas montrer son majeur veut dire : « Je vais moyen. » Donc, en faisant ce geste, votre chauffard affichait seulement son mal-être ! Le chauffeur sourit. Ouf ! Il redémarre sous un concert de klaxons. Dans trois minutes, je serai avec Anne. Elle me manque. Entre ses voyages en Afrique dans le cadre de ses recherches, mes allers et retours à Londres, les mois en Mongolie et les reportages, nous ne sommes vraiment pas souvent ensemble. Pas assez. Je lui ai demandé de m'accompagner au Nouveau-Mexique pour rencontrer le descendant de Geronimo. Puis en Mongolie. Trois mois.

Geste n° 22

21 juin. Mon cœur tape dans mes oreilles. J'ai le trac. Anne va entendre ma musique pour la première fois. Trois deux un, je lance le CD. Pas à fond, il est 6 heures. Affalées sur le tapis du salon, nous commençons à écouter *Magie grise*. Anne semble émue. Pas moi. J'y entends tout ce que j'ai vécu depuis le début de ce parcours. Un chemin parsemé de joies, de tristesses, d'embûches. Comme le rituel interdit.

Je me lève pour aller m'accouder à l'une des fenêtres du salon. Besoin de voir un horizon. Des toits à perte de vue. D'imaginer Paris endormi, encore tout enroulé dans de légers voiles de fumée grise. Mais je ne vois que le mur en pierres de taille et les fenêtres de l'immeuble d'en face. Dans un instant, comme chaque matin, la dame du cinquième va sortir sur son minuscule balcon pour arroser son géranium rouge. La rue va sentir le pain grillé et les gaz d'échappement. La voix des radios s'élève déjà dans les cours, allumant la vie dans chaque foyer comme autant de chandelles. Pendant que Doudgi en Mongolie allume le feu, prépare le thé pour Enkhetuya. Et s'apprête à traire les rennes. J'entends le rire d'Enkhetuya sortir du CD. « Quarante-quatre maris

215

m'attendent, là-bas ! » Elle n'aurait pas fait ce rituel interdit. Non. Sauf peut-être...

Si elle avait essayé d'interpréter un rituel occidental ? La publicité par exemple. Petit signe de main à la dame d'en face. En souriant, elle lève son vieil arrosoir dans ma direction. Un rayon de soleil le fait scintiller. Mes yeux clignent. Enkhetuya aurait-elle pu comprendre de la même façon que moi le message symbolique délivré par les pubs sur les produits anticellulite ? Je retourne m'asseoir près d'Anne...

— T'en penses quoi, toi, de la pub « Buvez-rajeunissez » ? Tu sais bien que c'est un concept et pas une réalité ?

— S'il te plaît, laisse-moi écouter !

OK, OK ! En tout cas, c'est certain, Enkhetuya interpréterait cette pub avec ses propres références. Elle penserait sans doute que cette eau a vraiment le pouvoir de faire rajeunir. Elle y verrait un breuvage magique. Donc une réalité, pas un concept. Eh bien, moi, avec le rituel interdit, j'ai fait l'inverse. Imprégnée de mes références culturelles, pas suffisamment formée à la symbolique chamanique, j'ai pensé qu'il s'agissait d'un concept. Et je n'ai pas pu imaginer que les conséquences de sa pratique seraient bien réelles. Je me tourne de nouveau vers Anne.

— Marie m'a appelée hier, tu avais raison, elle est super mal. Elle n'a toujours pas osé avouer à Yann ce que nous avions fait et continue de se demander s'il l'aime pour elle ou à cause de ce rituel...

— Mmm...

— Tu ne m'écoutes pas ?

— J'écoute ta musique...

— Et t'en penses quoi ?

Sans répondre, elle se concentre sur les dernières notes. Voilà. Puis tourne son visage vers moi. Je vois

216

la marque, sur le coin gauche de ses lèvres. Pas l'ancienne, elle a disparu depuis quelque temps. Mais une nouvelle. Comme un accent aigu. La première marche d'un sourire ? Oui. Elle tend son pouce. Elle semble avoir aimé l'univers de *Magie grise*.

— Mais j'ai parfois hésité entre génial et inaudible...

— Normal, je suis encore pleine de fausses notes !

En riant je me lève pour aller ranger le CD. Mon regard se pose alors sur celui de Mozart. L'*Adagio et fugue*. Je l'ouvre. Et comme si ces mots s'en étaient échappés, j'entends Anne prononcer dans mon dos :

— Mozart le disait, il n'y a pas de fausses notes, il n'y a que des notes mal placées...

Imprimé en France par

CPi
BUSSIÈRE

à Saint-Amand-Montrond (Cher)
en janvier 2014

POCKET – 12, avenue d'Italie – 75627 Paris Cedex 13

N° d'impression : 2005983
Dépôt légal : janvier 2009
Suite du premier tirage : janvier 2014
S17847/03

Imprimé en France par

CPI

à Saint-Amand-Montrond (Cher)
en juin 2010